정서적으로 건강한 영성
하루 묵상

Emotionally Healthy Spirituality Day by Day
© 2008, 2014 by Peter Scazzero
Originally published in English as *Emotionally Healthy Spirituality Day by Day*
by Zondervan, Grand Rapids, MI, U.S.A.

Previously published as *The Daily Office*
All rights reserved.

This Korean translation edition © 2017 by Duranno Ministry, Seoul, Republic of Korea Published
by arrangement with The Zondervan Corporation L.L.C., a division of HarperCollins Christian
Publishing, Inc. through rMaeng2, Seoul, Republic of Korea

정서적으로 건강한 영성
하루 묵상

지은이 | 피터 스카지로
옮긴이 | 김주성
초판 발행 | 2017. 7. 24
13쇄 발행 | 2024. 3. 19
등록번호 | 제1988-000080호
등록된 곳 | 서울특별시 용산구 서빙고로65길 38
발행처 | 사단법인 두란노서원
영업부 | 02)2078-3333 FAX | 080-749-3705
출판부 | 02)2078-3330

책값은 뒤표지에 있습니다.
ISBN 978-89-531-2936-8 03230

독자의 의견을 기다립니다.
tpress@duranno.com www.duranno.com

두란노서원은 바울 사도가 3차 전도 여행 때 에베소에서 성령 받은 제자들을 따로 세워 하나님의 말씀으로 양육
하던 장소입니다. 사도행전 19장 8-20절의 정신에 따라 첫째 목회자를 돕는 사역과 평신도를 훈련시키는 사역,
둘째 세계선교™와 문서선교단행본 · 잡지 사역, 셋째 예수문화 및 경배와 찬양 사역, 그리고 가정 · 상담 사역 등을 감
당하고 있습니다. 1980년 12월 22일에 창립된 두란노서원은 주님 오실 때까지 이 사역들을 계속할 것입니다.

정서적으로 건강한 영성

하루 묵상

피터 스카지로 지음 · 김주성 옮김

두란노

하나님과 함께하기 위해

일상을 멈추고 매일기도를 갖는 것이야말로

하나님의 임재를 지속적으로 누리는 열쇠이다

Contents

프롤로그

사랑의 연합으로의 초대

크리스천이라면 누구나 영적 고투를 벌이며 살아간다. 특히 오늘날 크리스천들은 하나님과 함께 시간을 갖는 것에 어려움을 겪는다. 지금 이 책을 읽는 당신도 같은 문제로 고민 중일 수 있다. 만일 그렇다면 그 고투는 실재하며 당신만 그런 것이 아니라는 사실이 도움이 될 것이다.

30년 넘게 목회를 하며, 대부분의 사람들이 그러한 문제를 겪고 있으며 또한 교회의 많은 부분에서 일어나고 있음을 목격했다. 뉴욕 퀸즈에 있는 우리 교회의 다국적 성도들로부터, 전 세계의 다양한 상황과 교단에 있는 기독교 리더들에 이르기까지 말이다. 오늘날 크리스천들의 영적 상태에 대해 관찰한 바를 요약하자면 이러하다.

우리는 …

- 그리스도와 영적으로 동행하는 삶이 정체되어 있다.
- 다른 사람의 영성에 의존하며 산다.
- 산만하고 분주하며 중심이 없다.
- 신체적으로나 영적, 정서적으로 피곤하다.
- 아주 얕은 영성으로 근근이 버티고 있다.
- 기도하며 하나님과 교제하는 시간이 아주 적다.
- 너무 바빠서 예수님을 추구하는 데 주의를 기울이지 못한다.
- '달려가는 삶'을 멈추기가 힘들다.

많은 사람들이 예수님과의 관계에 문제가 있다. 관계는 맺었지만 사귐의 깊이가 없다. 때로 하나님께 이런저런 말을 쏟아 놓지만 일방적인 소통일 뿐, 그분의 음성에는 귀를 기울이지 않는다. 하나님은 우리를 통해 세상에 사랑이 전달되기를 바라시건만, 이러한 현상은 전 세계 크리스천들 사이에 만연하다. 영적 위기가 아닐 수 없다.

하지만 세상이 암울해 보이고 심각한 문제가 만연하더라도 완전히 절망적이지는 않다. 삶의 압박과 어려움 중에도 느긋하고 서두르지 않고 만족하는 삶을 살 수 있는 방법이 있다. 하나님의 사랑에 든든히 닻을 내리고 영적 어른으로 성숙할 수 있는 방법이 있다. 누구와 대화를 하다가 기분이 나쁘더라도 여전히 침착하고, 사려 깊으며 하나님의 음성에 귀 기울일 수 있는 방법이 있다. 어려운 상황에서도 하나님의 사랑과 뜻에 순복할 수 있는 방법이 있다. 만성적 탈진을 겪지 않으면서도 헌신적으로 봉사할 수 있는 방법이 있다.

어떻게 해야 하는가? 날마다 하나님의 임재 안에 잠잠히 침묵하는 기독교 영성 훈련을 삶에 접목시켜 나가야 한다.

유서 깊고도 혁명적인 영적 훈련법

이 책을 통해 전통적이면서 혁신적인 영적 훈련을 소개하고자 한다. 이 영적 훈련은 '매일기도(Daily Office)'[1]라고 부르기도 한다. 매일기도는 매일 하나님과 시간을 보내는 체계적인 방법이다. 그러나 우리가 생각하는 '경건의 시간'이나 'QT'와 다르다. '경건의 시간'이나 'QT'는 보통 하루에 한 번, 주로 아침에 하루를 위해 자신을 '충전하거나' 다른 사람들의 필요를 위해 중보하는 것에 초점을 맞춘다. 반면, 매일기도는 최소한 하루에 두 번 이루어지며, 하나님을 위해 뭔가를 얻으려고 하는 것이라기보다는 단순히 하나님과 함께 있고자 하는 것이다.

매일기도의 목표는 하루 종일 우리의 활동 중에도 하나님께 주의를 집중하는 것이다. 이는 우리 모두에게 큰 도전이 아닐 수 없다. 세상의 압박과 우리 자신의 고집 때문에 하나님의 임재를 꾸준히 인식하기란 쉽지 않다. 그러나 완전히 불가능하지도 않다.

왜 '매일기도'(Daily Office)라고 하는가? 오피스(office)라는 단어는 라틴어 오푸스(opus), 즉 '일'(work)에서 나왔다. 초대교회에서는 매일기도, 즉 하루의 정해진 시간에 기도하는 것이 항상 첫 번째로 해야 할 '하나님의 일'이었다. 아무것도 그 우선순위에 끼어들 수 없었다.

다윗 왕, 다니엘, 초대교회 성도들의 경건의 열쇠

그러나 이와 같이 정해진 기도 시간은 초대교회 이전부터 있었다. 다윗 왕은 3천 년 전에 하루 일곱 번의 기도 시간을 실천했다(시 119:164). 다니엘은 하루에 세 번 기도했다(단 6:10). 예수님 당시의 독실한 유대인들은 아침, 정오, 저녁에 기도했다. 그러한 정해진 기도 시간은 이스라엘의 위대한 영적, 문화적 보물이었고, 하나님을 사랑하는 것을 항상 삶의 중심으로 삼는 실제적인 방법이었다. 심지어 예수님의 부활 후에도 예수님의 제자들은 날마다 정해진 시간에 기도했다(행 3:1, 10:2-23).

기원후 525년경에 베네딕트 수도사는 체계적인 기도 시간을 정하여 하루 여덟 번의 매일기도 체계를 만들었다(수도사들은 한밤중에도 한 번 행해야 했다). 기도가 하루의 틀이었고, 삶의 나머지 모든 요소들은 기도 시간을 중심으로 짜여졌다. 베네딕트는 이렇게 적고 있다. "이 시간을 알리는 신호가 들리면 모든 수도사는 하던 일을 즉시 놔두고, 매일기도를 하러 빨리 이동한다. 그 어떤 것도 하나님의 일[매일기도]보다 앞서지 않는다."2

이 모든 사람들, 즉 옛 이스라엘 백성부터 1세기의 제자들, 베네딕트 같은 초대 기독교 리더들은 하나님과 함께하기 위해 일상을 멈추고 매일기도를 갖는 것이야말로 하나님의 임재를 지속적으로 누리고 익숙해지는 열쇠라는 것을 알았다. 나는 매일기도를 14년 동안 해 오면서, 내가 몸소 체험한 일들을 증언할 수 있다. 아침, 정오, 저녁 기도를 위한 약간의 시간은 나의 하루 활동들 가운데 성스러운 하나님에 대한 깊은 인식을 불어넣는다. 그 순간들을 통해 나는 내 모든 시간이 하나님의 시간임을 기억한다. 성(聖)과 속(俗)의 구별이란 없다.

이 책을 어떻게 사용할 것인가

이 책은 하나님과 함께하는 당신의 시간을 위한 유연한 틀을 제공한다. 이것을 당신의 삶의 고유한 필요와 요구에 맞추기 바란다. 하나님은 우리 모두를 각자 다르게 지으셨다. 그러므로 한 사람에게 효과가 있는 것이 다른 사람에게는 효과가 없을 수 있다. 또한 과거에는 효과가 있었으나 지금은 효과가 없는 것도 있을 것이다. 율법주의가 아니라 은혜를 훈련의 기반으로 삼기 바란다.

이 책은 40일간 매일기도의 기도 속으로 우리를 안내할 것이다. 우선 전체를 8주 주제로 구성했다. 모든 주제는 《정서적으로 건강한 영성》과 《정서적으로 건강한 영성 소그룹 워크북》과 동일하다.

이 책에서 제안하는 매일기도는 하루 두 번이다. 아침이나 정오, 그리고 정오나 저녁이다. 예를 들어, 매일기도를 아침에 한 번과 정오에 한 번 할 수도 있고, 정오에 한 번과 잠자기 전에 한 번으로 할 수도 있다. 시간은 선택에 따라 달라질 수 있다. 관건은 하나님과 몇 분을 보냈는가가 아니다. 우리의 중심이 하나님께 초점을 맞추고 있는가에 달려 있다. 모든 것을 멈추고 하나님과 함께 있는 시간이 2분일 수도 있고 20-45분이 걸릴 수도 있다. 내 아내 제리는 아침에 하나님과 더 오래 시간을 갖고, 정오와 저녁에 더 짧은 시간을 갖는다. 이처럼 시간은 각자 선택에 달려 있다.

매일기도는 다섯 가지 요소로 구성되었다. 침묵과 멈춤, 성경, 신앙 서적 읽기, 생각할 질문, 기도 등이다.

첫째, 침묵과 멈춤이다. 침묵과 멈춤은 매일기도의 출발이다. 우리는 활동을 멈추고 살아 계신 하나님께 주의를 돌린다. 무엇보다 시편 기자의 말에 주의를 기울여야 한다. "여호와 앞에 잠잠하고 참고 기다리라"(시 37:7). "너희는 가만히 있어 내가 하나님 됨을 알지어다"(시 46:10).

우리는 하나님의 임재를 인식하는 데 들어가서 그의 사랑 안에 안식하기를 선택한다. 이는 결코 작은 일이 아니다. 정오 기도를 하려고 할 때 나는 그 시간이 5분이든 20분이든 생각의 중심으로 깊숙이 들어간다. 긴장과 산만함에서 벗어나 하나님의 사랑 안에 안식한다.

매일기도는 2분의 침묵과 멈춤으로 시작하고 끝난다. 많은 종교들이 침묵 훈련을 한다. 그러나 그리스도의 제자들이 행하는 침묵은 살아 계신 하나님과의 관계 안에서 침묵하는 것이기에 특별하다. 우리는 하나님께 마음을 기울이고 순복하는 자세로 하나님과 하나님의 뜻이 우리 삶의 가장 내밀한 부분에 임하시기를 허락한다. 그것이 하나님과 맺는 사랑의 연합의 핵심이다.

이것은 처음에는 어려울 수 있다. 우리의 내적, 외적 세계는 소음과 정신을 산만하게 하는 것들로 가득하다. 그래서 더욱 오늘날 크리스천들에게는 침묵하며 하나님과만 시간을 보내는 것이 힘들고 경험하기 힘든 영적 훈련일 것이다. 그렇다고 그냥 넘어갈 수는 없다. 하나님의 임재 안에 잠잠할 줄 모른다면, 하나님의 음성에 귀 기울일 수 있을 정도로 오랫동안 날마다 정기적으로 우리의 말을 멈추지 않는다면, 어떻게 성숙한 크리스천이 되겠는가? 어떻게 하나님과의 관계가 깊어지겠는가?

온전한 침묵과 멈춤 단계에 들어서는 여러 방법들이 있다. 다음 몇 가지 지침들이 침묵과 멈춤 단계에 들어서도록 도울 것이다.[3]

• 편안하고 조용한 장소에 자리를 잡는다. 심호흡을 몇 번 한 뒤에 숨을 천천히 들이마시고 내쉬라('호흡기도'에 대한 추가적 지

침은 부록 B 참조).

- 간단한 기도로 시작하라. 보통 한 단어나 문장일 수 있다. 당신이 하나님께 열려 있고, 하나님과 시간을 보내기 원한다는 것을 표현하라. 하나님을 당신이 좋아하는 이름, 가령 아바 아버지나 예수님으로 부를 수 있다. 혹은 "주님, 제가 여기 있습니다"라고 말할 수 있다(아내 제리는 아무 말도 하지 않고 그냥 예수님과 단둘이 시간을 보내는 것을 좋아한다. 연인들이 흔히 그렇듯이 말이다. 아내는 그냥 조용한 자리에 예수님과 함께 있는 것으로 만족한다. 그럴 때 아내는 하나님이 사랑의 품에 안아 주시는 것을 상상한다).

- 정신을 산만하게 하는 일들이 생길 때(아마도 대부분의 경우가 그럴 것이다) 그 모든 일을 하나님께 맡기고 단순한 문장으로 기도를 드림으로써 생각을 하나님께로 되돌리라.

자기 자신에게 너그럽게 은혜를 베풀라. 특히 처음에 시작할 때 말이다. 매일기도는 혁신적이고 반문화적인 영적 훈련으로 마냥 행복한 공원 산책 같지 않다는 것을 명심하라. 잠시 앉아 침묵하고 멈추기를 선택한다는 말은 하나님이 당신 삶의 중심이 되시도록 선택하는 것이다. 즉, 몇 분이라도 당신의 통제와 사심을 내려놓는 것이다. 이는 작은 일이 아니다.

그러나 처음 시작할 때의 어색함을 견디어 나가면, 정말로 다른 모든 것을 멈추고 하나님의 뜻에 순복해 나가면, 점진적 변화를 경험할 것이다. 그리고 침묵이 일상의 한 부분이 될 것이다. 가령, 차의 시동을 켜기 전이나 어려운 이메일을 써야 하기 전이나 직장에서 회의를 시작하기 전에 자신도 모르게 잠시 침묵하게 될 것이다.

둘째, 성경이다. 여기서 기억해야 할 중요한 점은 "적을수록 많다, 적을수록 좋다"라는 격언이다. 나는 보통은 일부러 짧은 성경 구절을 선택한다. 성경 구절을 천천히 읽으라. 소리를 내어 읽어도 된다. 그러면서 마음에 다가오는 단어나 문장을 묵상하라. 만일 하나님이 어느 한 절에 집중하게 하시면 그렇게 하라. 하나님이 당신 내면에서 어떻게 역사하시는지에 주의를 기울이라. 매일기도의 모든 내용을 섭렵할 필요는 없다! 성령의 인도를 구하라.

셋째, 발췌한 신앙 서적 읽기이다. 신앙 고전, 시, 수도사, 랍비, 현대 저자들의 글이나 이 책의 글 등 다양한 글을 선택하여 읽으라. 성경을 읽을 때처럼 천천히 기도하며 읽으라. 나는 정오나 저녁 매일기도 때 머리가 복잡하면 신앙 서적 읽기 부분부터 시작해서 나의 생각을 하나님께로 돌린다. 때로 이러한 글들이 많은 것을 시사해 줄 것이다. 어떤 때는 이 부분을 대충 읽거나 건너뛸 수도 있다. 다시 한 번 기억하라. 매일기도의 목적은 하나님과 교제하는 것이지, 내용을 전부 다 읽는 것이 아니다!

넷째, 생각할 질문들이다. 여기서는 간단하면서도 심오한 질문으로 끝난다. 당신의 대답을 기도 형식으로 하나님께 적어서 올려 드려도 좋다. 만일 질문이 하나님께 집중하는 데에 도움이 되지 않는다면 건너뛰어도 된다. 이 지침대로 하다 보면 때로 하나님이 놀랍게 여러 길들로 인도하실 것이다.

다섯째, 기도이다. 개인적으로 신앙생활을 하면서 대부분의 기도문을 거부해 왔다. 그러나 최근 들어서는 그 기도문들이 나의 경건 생활을 한층 더 풍성하게 해 주는 것을 발견했다. 기도문 그대로 읽으며 기도할 수도 있고, 그 기도문을 영감과 출발점으로 삼아 각자 자신의 기도를 드릴 수도 있다. 주기도문이 부록 A에 있다. 이는 각자 하나님의 보낼 시간을 도울 자료다. 주기도문의 심오함과 단순성 때문에 나는 자주 매일 기도 때 주기도문으로 기도한다. 이것이 당신에게 도움이 될 수 있을 것이다.

그룹 매일기도

매일기도는 개인들을 위한 것이지만, 오전, 정오, 저녁 기도를 위해 모이는 그룹에도 쉽게 응용될 수 있다. 그룹을 위한 몇 가지 지침들은 다음과 같다.

- 시간을 관리할 인도자를 정하라.
- 성경 본문을 함께 소리 내어 읽으라.

- 한 사람을 정하여 신앙 서적 단락과 생각할 질문을 소리 내어 읽게 하라.
- 각 단계 사이에서 잠시 5-10초 정도 멈추고 침묵하는 시간을 가지라.
- 선택 사안: 우리 뉴라이프교회의 사역자들은 정오 기도로 모일 때 마무리 기도를 함께 소리 내어 읽지 않는다. 두세 명이 그룹으로 모여 중보하고 찬양을 한 곡 함께 부르며 정오 기도를 마친다. 각자 놓인 상황 속에서 가장 좋은 것을 유연하게 선택하라.

마무리하며

매일기도의 여정을 시작하는 당신에게 권하고 싶다. 많은 시간과 연습으로 이 여정에 참여하며 영적 성숙을 이루어가기 바란다. 생명을 주는 리듬을 가진 사람이 별로 없는 현실 속에서, 이와 같이 우리의 매일을 조정하여 일상사를 멈추고 예수님과 함께 있는 시간을 갖는다는 것은 큰 전환이다. 게다가 우리의 문화, 가족, 교회에 침묵이 별로 없다는 사실을 감안하면, 이 도전이 상당히 버겁게 느낄 수도 있다.

그러나 나는 단언한다. 당신이 꾸준히 나아가고 성령의 도움을 구하면, 오히려 하나님이 당신을 기다리셨음을 발견할 것이다. 오직 침묵 속에서만 알 수 있는 하나님을 만나게 될 것이다(시 46:10). 하나님의 음성을 경청하는 '근육'이 느리게라도 발달할 것이다. 예수님과 함께하는 역량이 하나님의 은혜로 확장될 것이다. 그러나 가장 중요한 것이 있다. 모든 시대의 수많은 사람들이 발견했던 것처럼, 당신도 하나님의 사랑이 생명보다 나음을 발견하게 될 것이다(시 63:3).

일러두기 매일기도는 매일 두 번, '아침이나 정오' 그리고 '정오나 저녁'에 할 수 있다. 여기 본문에서는 편의상, 아침 기도와 저녁 기도로 나누려 한다. 아침 기도는 아침이나 정오를 말하며, 저녁 기도는 정오나 저녁 시간을 의미한다.

Emotionally
Healthy Spirituality
day by day

정서적으로
건강하지 못한
영성의 문제

하나님께 나아가지
못하게 하는 걸림돌들

●

아침 기도

침묵하며 하나님께 초점 맞추기(2분)

성경 본문 읽기

마가복음 11장 15-17절

그들이 예루살렘에 들어가니라 예수께서 성전에 들어가사 성전 안에서 매매
하는 자들을 내쫓으시며 돈 바꾸는 자들의 상과 비둘기 파는 자들의 의자를
둘러 엎으시며 아무나 물건을 가지고 성전 안으로 지나다님을 허락하지 아
니하시고 이에 가르쳐 이르시되 기록된 바 내 집은 만민이 기도하는 집이라

칭함을 받으리라고 하지 아니하였느냐 너희는 강도의 소굴을 만들었도다 하시매

묵상글

예수님이 성전에서 매매하는 자들을 향해 진노하시고 상을 엎으신 장면을 보며 놀란다. 우리가 교회를 강도의 소굴로 만든 자들과 같이 행동하고 진정으로 하나님을 만나지 못한다면, 소중한 보물을 놓치게 될 것이다. 그런데 우리는 하나님의 끝없는 사랑과 놀라운 용서를 경험할 공간을 쉽게 잃어버린다. 중요하고 무엇이 중요하지 않은지에 대한 영원한 관점을 잃어버린다. 자신을 향한 긍휼을 잃어버리게 된다. 세상을 얻지만 동시에 영혼을 잃어버린다(막 8:36-37).

하나님을 위해 자유로워지라

내게 필요한 건
바로 그러한 청소
구주께서 예루살렘 성전에서 하셨던 것처럼
번잡한 쓰레기를 치워야 하네
부차적인 것
장애물이 되어 막는 것들을 치워야 하네
그래서 우리의 가장 중요한 중심이 비워지고
채워져야 하리
오직 하나님의 임재만으로[4]

- 장 다니엘루(Jean Danielou)

25

당신의 삶에서 부차적인 것, 하나님을 경험하는 길을 막고 있는 것은 무엇인가?

기도

주님을 잃으면 모든 것을 잃는 것임을 깨닫게 하소서. 제 안에 주님을 위한 공간이 없어 삶의 관점이 왜곡됩니다. 나를 향한 하나님의 사랑은 생명보다 나으며, 진실로 그 사랑을 더 깊이 맛보기를 갈망합니다. 예수님의 이름으로 기도합니다. 아멘.

침묵하기(2분)

저녁 기도

침묵하며 하나님께 초점 맞추기(2분)

성경 본문 읽기

사무엘상 15장 22-23절
사무엘이 이르되 여호와께서 번제와 다른 제사를 그의 목소리를 청종하는 것을 좋아하심 같이 좋아하시겠나이까 순종이 제사보다 낫고 듣는 것이 숫양의 기름보다 나으니 이는 거역하는 것은 점치는 죄와 같고 완고한 것은 사신 우상에게 절하는 죄와 같음이라 왕이 여호와의 말씀을 버렸으므로 여호와께서도 왕을 버려 왕이 되지 못하게 하셨나이다 하니

묵상글
이스라엘의 첫 번째 왕인 사울은 침묵이나 하나님께 귀 기울이는 것에 서툴렀다. 사울은 다윗처럼 은사가 있고, 기름부음을 받았으며, 성공적인 리더였다. 하지만 그는 다윗처럼 하나님과 함께하기를 추구하지 않았다. 본문에서 사무엘은 사울이 많은 종교적 행위들(번제와 제물을 바침)을 하지만 잠잠히 하나님께 경청하거나 "주의를 기울이지" 않았다고 꾸짖는다(22절).

우리는 침묵을 통해 하나님을 바라보는(관상하는) 시간이 필요하다. 특히 모든 것이 빨리 움직이는 런던이나 뉴욕 같은 대도시 거주자라면 말이다. 나는 항상 기도를 침묵으로 시작한다. 침묵하는 마음에 하나님이 말씀하시기 때문이다. 하나님은 침묵의 친구이시다-우리는 하나님께 귀 기울여야 한다. 무엇보다 중요한 것은 하나님이 우리에게, 우리를 통해 말씀하시는 것이다. 기도는 영혼의 양식이다. 피가 몸의 자양분이듯이, 기도는 영혼을 살찌우는 양식이다. 기도가 당신을 하나님께로 더 가까이 이끈다. 기도를 통해 깨끗하고 순결한 마음을 얻을 수 있다. 깨끗한 마음이 있어야 하나님을 볼 수 있고, 하나님께 말할 수 있고, 다른 사람들 안에서 하나님의 사랑을 발견할 수 있다.[5]

- 마더 테레사(Mother Teresa)

생각할 질문

당신의 삶에 침묵의 자리를 어떻게 더 많이 만들어서 하나님의 음성을 듣겠는가?

기도

오 하나님, 제 마음을 정리해 주소서. 그래서 잠잠히 고요함 중에 당신이 말씀하시는 것을 듣게 하소서. 잠깐의 시간 동안 멈추고, 경청하고, 기다려서 당신의 임재가 저를 감싸도록 허락하게 하소서. 예수님의 이름으로 기도합니다. 아멘.

침묵하기(2분)

Day 2

나의 뜻, 하나님의 뜻

●

아침 기도

침묵하며 하나님께 초점 맞추기(2분)

성경 본문 읽기

요나 1장 1-4절

여호와의 말씀이 아밋대의 아들 요나에게 임하니라 이르시되 너는 일어나 저 큰 성읍 니느웨로 가서 그것을 향하여 외치라 그 악독이 내 앞에 상달되었음이니라 하시니라 그러나 요나가 여호와의 얼굴을 피하려고 일어나 다시스로 도망하려 하여 욥바로 내려갔더니 마침 다시스로 가는 배를 만난지라 여호와의 얼굴을 피하여 그들과 함께 다시스로 가려고 뱃삯을 주고 배에 올랐더라 여호와께서 큰 바람을 바다 위에 내리시매 바다 가운데에 큰 폭풍이 일어나 배가 거의 깨지게 된지라

묵상글

요나는 정서적으로 건강하지 못한 영성의 선지자였다. 그는 하나님의 음성을 듣고, 하나님을 섬기지만 그 당시 강대국으로서 폭력과 야만성으로 악명 높은 니느웨에 사랑과 자비를 베풀라는 하나님의 부르심에 대하여 따르기를 거절했다. 요나는 니느웨의 반대 방향으로 4000킬로미터를 가려고 했다. 그곳은 오늘날의 스페인, 다시스다.

왜 다시스인가? 우선 한 가지, 그곳은 니느웨보다 훨씬 신나는 곳이다. 니느웨는 파괴와 불행의 역사가 누적된 고대 도시였다. 말씀을 전파하러 니느웨에 가는 것은 출중한 경력을 가진 히브리 선지자로서 부러움을 살 임무는 아니었다. 그러나 다시스는 달랐다. 다시스는 이국적이었다. 다시스는 모험이었다. 성경에서 다시스는 "저 멀리, 때로 이상화되는 항구"였다. 열왕기상 10장 22절에서는 솔로몬의 함대가 다시스에서 금, 은, 상아, 원숭이, 공작새를 가져왔다고 말한다. 다시스에선 하나님과의 힘든 거래 없이도 종교적 경력을 가질 수 있기에 충분했다.[6]

- 유진 피터슨(Eugene Peterson)

그러나 하나님은 도망가는 요나에게 큰 폭풍을 보내셨다. 요나는 자

신의 생명과 운명을 스스로 통제할 수 없게 된다. 결국 그는 바다에 던져졌고, 큰 물고기의 밥이 되었다. 물고기 배 속에서 요나는 하나님과 기도로 씨름을 한다.

생각할 질문

하나님이 당신의 삶에 내적, 혹은 외적 폭풍을 보내셔서 영적으로 올바르지 않다는 사인을 주신 적이 있는가?

기도

삶에 나의 뜻이 아닌 주님의 뜻이 이루어지기를 원합니다. 저는 분주함으로 당신의 뜻과 바람을 잊기 쉬운 사람입니다. 저의 죄를 용서하소서. 당신께 귀 기울이게 도우시고 당신께 충성스럽게 순복할 수 있는 용기를 주소서. 예수님의 이름으로 기도합니다. 아멘.

침묵하기(2분)

저녁 기도

침묵하며 하나님께 초점 맞추기(2분)

성경 본문 읽기

요한일서 2장 15-17절
이 세상이나 세상에 있는 것들을 사랑하지 말라 누구든지 세상을 사랑하면 아버지의 사랑이 그 안에 있지 아니하니 이는 세상에 있는 모든 것이 육신의 정욕과 안목의 정욕과 이생의 자랑이니 다 아버지께로부터 온 것이 아니요 세상으로부터 온 것이라 이 세상도, 그 정욕도 지나가되 오직 하나님의 뜻을 행하는 자는 영원히 거하느니라

묵상글
3세기 말 북 아프리카 이집트의 사막에 특이한 현상이 일어났다. 그리스도인 남녀들이 도시와 마을을 떠나 하나님을 만나기 위해 사막을 건너 온 것이다. 그들은 사회 속에서 얽히고설킨 채 조종당하다가 영혼을 잃어버리기가 얼마나 쉬운지 깨달았다. 그래서 그들은 놀랍게도 사막에 가서 하나님을 추구했다.

그들은 세상을 보았다. … 배가 난파되면, 각자 자기 목숨을 구

하기 위해 헤엄쳐야 하는 것처럼 이 사람들은 소위 사회의 신조와 가치를 수동적으로 받아들이며 표류하다가는 그저 재난을 맞이할 뿐이라는 것을 알았다. 그들은 난파선에서 허우적거리고 있는 한, 남들을 위해 선을 행할 여력이 없다고 판단했다. 그러나 일단 그들이 견고한 땅에 발을 딛고 난 후에는 달랐다. 그러고 나면 그들은 온 세상이 그들의 뒤를 따라 안전한 곳으로 나오도록 이끌 능력을 가질 뿐 아니라, 그렇게 할 의무도 가졌다.[7]

- 토마스 머튼(Thomas Merton)

생각할 질문

당신은 "이 세상이나 세상에 있는 것들을 사랑하지 말라"(요일 2:15)는 사도 요한의 말을 어떻게 받아들이는가?

기도

주님, 저의 분주한 삶에서 어떻게 주님과 함께 있기 위한 "사막을 만들 것인지" 가르쳐 주소서. 저를 둘러싼 압력, 망상, 가식을 씻어 주셔서, 제 삶이 주변 사람들에게 선물이 되게 하소서.

침묵하기(2분)

Day 3

어긋난 인생 계획

●

아침 기도

침묵하며 하나님께 초점 맞추기(2분)

성경 본문 읽기

창세기 32장 22-26, 30절

밤에 일어나 두 아내와 두 여종과 열한 아들을 인도하여 얍복 나루를 건널새 그들을 인도하여 시내를 건너가게 하며 그의 소유도 건너가게 하고 야곱은 홀로 남았더니 어떤 사람이 날이 새도록 야곱과 씨름하다가 자기가 야곱을 이기지 못함을 보고 그가 야곱의 허벅지 관절을 치매 야곱의 허벅지 관절이 그 사람과 씨름할 때에 어긋났더라 그가 이르되 날이 새려하니 나로 가게 하라 야

곱이 이르되 당신이 내게 축복하지 아니하면 가게 하지 아니하겠나이다 그러
므로 야곱이 그곳 이름을 브니엘이라 하였으니 그가 이르기를 내가 하나님과
대면하여 보았으나 내 생명이 보전되었다 함이더라

묵상글

야곱의 이름은 "속이다" 혹은 "붙잡는 자"를 의미한다. 야곱은 그 이
름대로 살았다. 그는 조종하고, 속이고, 공격적이었다. 절대로 세련
된 크리스천이 아니었다. 야곱은 역기능 가정에서 자란 심각한 결점
이 있는 사람이다. 늘 문제에 빠져 있거나, 문제에서 헤엄쳐 나오고
있거나, 문제를 더 만들고 있거나 셋 중 하나였다.[8]

야곱의 이야기는 보편적이어서, 우리에게 공감이 된다. 야곱은 고집
스럽고 아무도 신뢰하지 않는 삶을 살았다. 심지어 하나님까지도.
그러나 얍복 강에서 그는 하나님께 깨져서 완전히 변화된다. 그는
새 이름과 하나님이 원래 의도하신 대로 살 자유를 얻는다. 그러나
그러기 위해 치러야 할 값이 있었다. 다리를 영구적으로 절게 되어
무력하고 절박하게 하나님께 매달리는 삶을 살게 된 것이다. 그렇게
의존해야만 하는 연약한 자리에서 야곱은 세상을 축복하는 나라(이
스라엘)가 된다.

같은 방법으로 하나님께서는 때로 우리가 하나님과 동행하는 여정
중에 상처를 통해 건강하지 못한 '빙산의 일각' 영성에서 벗어나, 안
에서부터 밖까지 속속들이 변화시킬 진정한 영성을 갖게 하신다. 그
때 우리는 부인하거나, 은폐하거나, 하나님께 화를 내거나, 남들을
탓할 수도 있다. 아니면 야곱처럼 하나님께 간절히 매달릴 수 있다.

생각할 질문

하나님께서는 어떤 식으로 당신의 인생 계획들을 어긋나게 하셔서
하나님께만 의존하게 하시는가?

기도

아버지, 저도 야곱처럼 기를 쓰고, 조종하고, 머리를 굴리고, 부인하
고, 절반의 진실만을 주변 사람들에게 말해서 제 뜻을 이루고자 했
습니다. 때로는 뭔가 얻으려고 당신을 섬기는 제 모습을 봅니다. 주
님께 의존하는 삶을 살도록 저를 가르치소서. 오직 당신의 사랑 안
에서 잠잠히 쉬게 하소서. 예수님의 이름으로 기도합니다. 아멘.

침묵하기(2분)

저녁 기도

침묵하며 하나님께 초점 맞추기(2분)

성경 본문 읽기

마태복음 16장 21-23절
이때로부터 예수 그리스도께서 자기가 예루살렘에 올라가 장로들과 대제사
장들과 서기관들에게 많은 고난을 받고 죽임을 당하고 제 삼일에 살아나야
할 것을 제자들에게 비로소 나타내시니 베드로가 예수를 붙들고 항변하여
이르되 주여 그리 마옵소서 이 일이 결코 주께 미치지 아니하리이다 예수께
서 돌이키시며 베드로에게 이르시되 사탄아 내 뒤로 물러 가라 너는 나를 넘
어지게 하는 자로다 네가 하나님의 일을 생각하지 아니하고 도리어 사람의
일을 생각하는도다 하시고

묵상글
베드로는 예수님을 위해 마음이 뜨겁게 불타올랐지만, 성급하고, 거
만하고, 미성숙하고 일관성이 없었다. 그의 충동성과 고집은 복음서
전체에 뚜렷이 나타난다. 그러나 예수님은 인내를 통해 그를 이끄시
고, 그가 내적으로 자기 의지를 십자가에 못 박게 하셨다. 이를 통해
진정한 부활의 생명과 능력을 경험하게 하셨다.

내가 잠잠할 때면 강박관념(분주함, 성 힐라리오는 그것을 "자기 자신을 위해 하나님의 일을 하려고 하는 신성모독적인 염려"라고 불렀다)에 구멍이 뚫린다. 즉 하나님께서 보호하려고 하는 여러 겹들의 막을 뚫으셔서, 내가 하나님의 음성을 듣고 경청하는 자세를 취하게 하신다. … 간혹 나는 아드레날린 분출을 성령의 역사로 오해할 수 있다. 즉 내가 나의 운명과 일상의 일과를 궁극적으로 통제하고 있다는 착각 속에 살 수 있다. 프랑스의 철학자 겸 수학자 블레즈 파스칼은 인간의 문제들은 대부분 우리가 한 시간 동안 방 안에 잠잠히 앉아 있지 못하기 때문에 생긴다고 말했다.[9]

- 레이튼 포드(Leighton Ford)

생각할 질문

분주함이 살아 계신 하나님께 귀 기울이고 친밀히 교제하지 못하도록 어떻게 막고 있는가?

기도

오늘 하루 주님 없이 제 마음대로 삶을 운영한 것을 용서하소서. 저의 염려를 남김없이 주님께 맡깁니다. 제가 잠잠히 주님 뜻에 순복하고, 주님 사랑 안에 쉬게 하소서. 아버지와 아들과 성령의 이름으로 기도합니다. 아멘.

침묵하기(2분)

삶의 초점

●

아침 기도

침묵하며 하나님께 초점 맞추기(2분)

성경 본문 읽기

누가복음 10장 38-42절

그들이 길 갈 때에 예수께서 한 마을에 들어가시매 마르다라 이름하는 한 여자가 자기 집으로 영접하더라 그에게 마리아라 하는 동생이 있어 주의 발치에 앉아 그의 말씀을 듣더니 마르다는 준비하는 일이 많아 마음이 분주한지라 예수께 나아가 이르되 주여 내 동생이 나 혼자 일하게 두는 것을 생각하지아니하시나이까 그를 명하사 나를 도와주라 하소서 주께서 대답하여 이르시되 마르다야 마르다야 네가 많은 일로 염려하고 근심하나 몇 가지만 하든지 혹은 한 가지만이라도 족하니라 마리아는 이 좋은 편을 택하였으니 빼앗기지 아니하리라 하시니라

묵상글

마리아와 마르다는 그리스도에 대한 두 가지 접근법을 보인다. 마르다는 활발히 예수님을 섬겼지만 본질을 놓치고 있다. 마르다는 삶의 "행함"에 바빴기 때문이다. 마르다의 삶은 정신을 산만하게 하는 여러 가지 일들의 압력으로 가득했다. 그녀의 임무는 예수님에 대한 자신의 사랑과 단절되어 있다. 마르다의 문제는 단지 분주하다는 차원을 넘어선다. 내가 생각하기엔 설령 마르다가 예수님 발 앞에 앉아 있었다 해도, 그녀의 생각은 온갖 것들로 산만했을 것이다. 그녀의 속사람은 과민하고, 성마르고, 조바심을 낸다.

반면 마리아는 예수님의 발 앞에 앉아서 그분의 말씀에 귀 기울인다. 그녀는 예수님과 함께 "있고", 예수님과의 친밀함을 즐기고, 예수님을 사랑하고, 예수님의 임재를 즐거워한다. 그녀의 삶의 단 하나의 구심점은 바로 예수님이다. 아마도 마리아가 많은 집안일들을 도왔더라도, 걱정하거나 화내지 않았을 것이다. 왜 그런가? 그녀의 속사람은 삶의 속도를 늦추고 예수님께 초점과 중심을 두었기 때문이다.

우리의 목표는 전 존재로 하나님을 사랑하고, 매일의 삶에서 하나님을 일관되게 인식하는 것이다. 그러나 우리는 마리아처럼 일과를 멈추고 예수님 발 앞에 앉거나, 마르다처럼 삶의 과제들을 처리하는

것에 모든 힘을 쏟고 있는지를 돌아보아야 한다.[10]

생각할 질문

무엇이 당신을 걱정하고 화내게 하는가?

기도

잠잠히 인내하며 주님을 기다리게 하소서(시 37:7). 저의 모든 걱정 근심을 주님의 손에 맡깁니다. 기도하며, 주님께 주목하며, 주님 안에 안식하며, 마땅히 해야 할 일들을 하도록 저를 가르치소서. 예수님의 이름으로 기도합니다. 아멘.

침묵하기(2분)

저녁 기도

침묵하며 하나님께 초점 맞추기(2분)

성경 본문 읽기

시편 62편 5-8절

나의 영혼아 잠잠히 하나님만 바라라 무릇 나의 소망이 그로부터 나오는도
다 오직 그만이 나의 반석이시요 나의 구원이시오 나의 요새이시니 내가 흔
들리지 아니하리로다 나의 구원과 영광이 하나님께 있음이여 내 힘의 반석
과 피난처도 하나님께 있도다 백성들아 시시로 그를 의지하고 그의 앞에 마
음을 토하라 하나님은 우리의 피난처시로다

묵상글

다윗은 하나님의 마음에 합한 사람이었다. 온전한 영적 성숙을 이룬
본보기였으며, 하나님을 바라보며 깊이 묵상하는 삶의 모델이었다.
그는 여호와를 신뢰하여, 자신을 향한 중상모략과 거짓말에 대한 고
민과 두려움과 번민을 다 털어놓았다. 《감정, 영혼의 외침》에서 댄
알렌더와 트렘퍼 롱맨은 우리의 감정을 인식하는 것이 하나님과의
관계에서 왜 중요한지 요약하고 있다.

우리의 감정을 등한시하는 것은 실체에 등을 돌리는 것이다. 감정에 귀 기울일 때 실체가 다가온다. 실체 속에서 하나님을 만날 수 있다. … 감정은 영혼의 언어다. 감정은 마음에 목소리를 부여하는 외침이다. … 그러나 종종 우리는 정서적 부인, 왜곡, 거리를 통해 하나님의 소리에 귀를 닫는다. 불쾌한 것은 모두 걸러내어, 내면세계를 어떻게든 통제하려 한다. 그러한 감정이 우리의 의식 안으로 새어나오는 것을 두려워하고 수치스러워한다. 강렬한 감정을 억누름으로써, 자신에게 가짜가 되고 하나님을 알 수 있는 절호의 기회를 놓치는 것이다. 하나님 앞에서는 잔인할 정도의 정직과 자기 취약성 노출로 변화가 이루어진다는 것을 우리는 잊는다.[11]

생각할 질문

당신은 오늘 무엇에 화가 났는가? 무엇이 슬픈가? 무엇이 두려운가? 당신의 감정을 정직하게 하나님 앞에 쏟아 놓고, 그분의 음성을 구하라. 다윗처럼 그렇게 기도하라.

기도

주님, 저도 다윗이 그러했던 것처럼 너무나 많은 힘든 상황들이 저를 공격하는 것만 같습니다. 제가 주님 안에서 안식을 발견하게 하소서. 예수님의 이름으로 기도합니다. 아멘.

침묵하기(2분)

Day 5

연약함에서 강함으로

●

아침 기도

침묵하며 하나님께 초점 맞추기(2분)

성경 본문 읽기

요한복음 7장 2-8절
유대인의 명절인 초막절이 가까운지라 그 형제들이 예수께 이르되 당신이
행하는 일을 제자들도 보게 여기를 떠나 유대로 가소서 스스로 나타나기를
구하면서 묻혀서 일하는 사람이 없나니 이 일을 행하려 하거든 자신을 세상
에 나타내소서 하니 이는 그 형제들까지도 예수를 믿지 아니함이러라 예수
께서 이르시되 내 때는 아직 이르지 아니하였거니와 너희 때는 늘 준비되어

있느니라 세상이 너희를 미워하지 아니하되 나를 미워하나니 이는 내가 세상의 일들을 악하다고 증언함이라 너희는 명절에 올라가라 내 때가 아직 차지 못하였으니 나는 이 명절에 아직 올라가지 아니하노라

묵상글

예수님은 천천히 움직이셨고, 서둘거나 돌진하지 않으셨다. 그분은 인내하며 기다리는 청소년기와 청년기를 보내신 후 자신을 메시아로 나타내셨다. 그러나 그때도 인정받기 위해 서둘지 않으셨다. 예수님은 짧은 사역 동안 아버지의 때를 기다리셨다. 그런데 왜 우리는 늦어지는 것을 싫어하는가? 하나님은 그것을 기뻐하시는데도 말이다. 유진 피터슨은 두 가지 이유를 우리에게 제시한다.

바쁨은 허영심에서 비롯된다. 우리는 스스로 중요한 존재로 보이고 싶어 한다. 그렇다면 바쁜 것보다 더 좋은 방법이 어디 있겠는가? 엄청난 약속, 숨 쉴틈 없는 스케줄은 나 자신과 지켜 보는 모든 사람에게 내가 중요하다는 증거가 된다. 만일 내가 병원에 갔는데 대기 환자가 아무도 없고, 반쯤 열린 문으로 의사가 책을 읽고 있는 것이 보인다면, 나는 그에 대하여 의문을 품을 것이다.

마찬가지로 사회에서는 나의 꽉 찬 스케줄과 정신없는 상황들을 중요성의 근거로 삼는다. 일부러 나는 꽉 찬 스케줄과 정신없는 상황을 만들어 낸다. 다른 사람들이 그것에 주목하면, 나의 중요성을 인정하고 그로 인해 나의 허영심이 충족된다.

사실 내가 바쁜 것은 대부분 게으르기 때문이다. 나는 내가 무엇을 할지 남들이 결정하게 하고 단호히 스스로 결정하지 않는다. 게으른 사람들은 열심히 일한다는 것은 C. S. 루이스가 자주 다룬 주제였다. 결정하고 방향을 정하고, 가치를 설정하고 목표를 설정하는 핵심적 일에 게을렀기 때문에 다른 사람들이 우리 대신 그것을 하게 된다.[12]

생각할 질문
삶의 속도를 늦추고 예수님의 음성에 더 귀 기울이기 위해 필요한 단계는 무엇인가?

기도
주님, 조급하거나 서둘지 않고 한 번에 한 가지를 할 수 있는 은혜를 주소서. 제가 하는 큰일이나 작은 일의 신성함을 음미하게 하소서. 성령으로 말미암아 저에게 힘을 주셔서, 잠시 멈추고 한 활동에서 다음 활동으로 움직이게 하소서. 예수님의 이름으로 기도합니다. 아멘.

침묵하기(2분)

저녁 기도

침묵하며 하나님께 초점 맞추기(2분)

성경 본문 읽기

고린도후서 12장 7-10절

여러 계시를 받은 것이 지극히 크므로 너무 자만하지 않게 하시려고 내 육체에 가시 곧 사탄의 사자를 주셨으니 이는 나를 쳐서 너무 자만하지 않게 하려 하심이라 이것이 내게서 떠나가게 하기 위하여 내가 세 번 주께 간구하였더니 나에게 이르시기를 내 은혜가 네게 족하도다 이는 내 능력이 약한 데서 온전하여짐이라 하신지라 그러므로 도리어 크게 기뻐함으로 나의 여러 약한 것들에 내하여 자랑하리니 이는 그리스도의 능력이 내게 미물게 하려 함이라 그러므로 내가 그리스도를 위하여 약한 것들과 능욕과 궁핍과 박해와 곤고를 기뻐하노니 이는 내가 약한 그때에 강함이라

묵상글

성경에는 영웅들의 단점과 약점이 솔직히 표현된다. 아브라함은 거짓말을 했다. 호세아의 부인은 창녀였다. 베드로는 예수님을 꾸짖었다. 노아는 술에 취했다. 요나는 인종차별주의자였다. 야곱은 거짓말을 했다. 바나바와 마가는 바울을 버렸다. 엘리야는 탈진해 도망쳤다. 예레미야는 우울증에 빠져 자살 충동을 가졌다. 도마는 의

심했다. 모세는 쉽게 화를 냈다. 디모데는 위궤양이 있었다. 하나님이 가장 사랑했던 다윗조차도 밧세바와 간음하고 그녀의 남편을 살해했다. 그러나 이 모든 사람과 사건은 메시지를 보낸다. 땅 위의 모든 인간은, 은사와 장점에 상관없이, 연약하고, 취약하고, 하나님과 다른 사람들에게 의존해야 한다.[13]

우리는 스스로 강하고 영적으로 "다 갖춘" 이미지로 포장해야 한다는 압력을 받는다. 자신이 만든 기준에 도달하지 못하고, 점수에 도달하지 못하면 죄책감을 갖는다. 우리는 스스로가 연약한 인간임을 자주 잊는다.

사도 바울은 하나님이 자신의 기도와 '육체의 가시'에 응답하지 않아서 고민했다. 그럼에도 불구하고, 그는 자신의 깨진 부분, 연약한 부분에 대해 감사했다. 그것 없이는 오만해져서 자만에 빠진 사도가 될 수 있기 때문이다. 우리 모두가 배워야 하듯이, 바울도 배웠다. 그리스도의 능력은 오직 우리가 약할 때 완전해 진다.

생각할 질문

삶의 깨짐과 연약함이 어떻게 하나님의 능력으로 나타날 기회가 되는가?

기도

아버지, 저의 약점과 실패를 인정하기가 매우 어렵습니다. 그러나 오늘 용기를 내어 고백합니다. 주님, 저는 연약합니다. 저는 당신께 의존합니다. 당신은 하나님이시고 저는 아닙니다. 제 안에서 일하시는 하나님의 역사를 제가 온전히 받아들이게 하소서. 바울의 고백이 제 고백이 되게 하소서. "내가 약한(깨어진) 그때에 강함이라." 예수님의 이름으로 기도합니다. 아멘.

침묵하기(2분)

Emotionally
Healthy Spirituality
day by day

참 자아를 찾기 위해
거짓 자아를
벗어 버리라

Day 6

거짓 자아로 살고 싶은 유혹

●

아침 기도

침묵하며 하나님께 초점 맞추기(2분)

성경 본문 읽기

마가복음 1장 33-38절

온 동네가 그 문 앞에 모였더라 예수께서 각종 병이 든 많은 사람을 고치시며
많은 귀신을 내쫓으시되 귀신이 자기를 알므로 그 말하는 것을 허락하지 아
니하시니라 새벽 아직도 밝기 전에 예수께서 일어나 나가 한적한 곳으로 가
사 거기서 기도하시더니 시몬과 및 그와 함께 있는 자들이 예수의 뒤를 따라

가 만나서 이르되 모든 사람이 주를 찾나이다 이르시되 우리가 다른 가까운 마을들로 가자 거기서도 전도하리니 내가 이를 위하여 왔노라 하시고

묵상글

'옛 거짓' 자아를 벗어 버리고, '새로운 참' 자아 안에서 진정으로 살라는 도전이 우리 영성의 핵심을 찌른다. 우리는 예수님의 삶을 통해 이 진정성을 본다.

예수님은 가버나움에서 일어난 작은 부흥으로 인해 모두가 예수님을 찾는다는 압력에 굴복하지 않고 다음 장소로 옮기셨다. 또한 하나님 아버지를 아셨다. 하나님께서 예수님을 사랑하시고, 예수님께 완수하라고 시키시는 일이 무엇인지 아셨다. 그러나 예수님은 진정 자신의 충실한 삶을 위해 많은 사람들을 실망시켜야만 했다.

> 예수님이 가족을 실망시켜서 예수님의 어머니와 형제자매들은 예수님이 미친 게 아닌가 생각했다(막 3:21).
> 예수님은 나사렛에서 함께 자란 사람들을 실망시켰다. 예수님이 자신이 정말 누구인지, 즉 메시아라는 것을 선포하시자, 그들은 예수님을 절벽에서 떠밀려 했다(눅 4:28-29).

예수님은 가장 가까운 친구들인 열두 제자를 실망시켰다. 그들은 예수님이 자기들이 기대하는 메시아이기를 바랐다. 그러나 예수님이 그들의 기대를 저버리자, 그들은 예수님을 단념했다.

예수님은 무리를 실망시켰다. 그들은 땅의 메시아가 그들을 먹이고,

모든 문제를 해결하고, 로마의 압제를 물리치고, 기적을 일으키고, 감동적인 설교를 해 주기를 바랐다. 그러다 결국 그들은 예수님을 떠났다.

예수님은 종교 지도자들을 실망시켰다. 그들은 예수님이 자신의 일상생활이나 신학을 뒤흔드는 것을 원하지 않았다. 마침내 그들은 예수님의 능력이 귀신에게서 나온 것이라고 하면서 예수님을 십자가에 못 박았다.[14]

생각할 질문

구체적으로 어떤 식으로 예수님이 당신을 향해 가진 계획에 신실하기보다는 남들의 기대에 굴복하는가?

기도

예수님, 다른 사람들의 무리한 기대로 인한 부담을 이해해 주시니 감사합니다. 때로는 그 압박감이 저를 짓누릅니다. 주님, 제가 사람들을 사랑하면서도, 동시에 주님께 늘 신실하게 하소서. 예수님의 이름으로 기도합니다. 아멘.

침묵하기(2분)

저녁 기도

침묵하며 하나님께 초점 맞추기(2분)

성경 본문 읽기

사무엘상 17장 38-40, 45절
이에 사울이 자기 군복을 다윗에게 입히고 놋 투구를 그의 머리에 씌우고 또 그에게 갑옷을 입히매 다윗이 칼을 군복 위에 차고는 익숙하지 못하므로 시험적으로 걸어 보다가 사울에게 말하되 익숙하지 못하니 이것을 입고 가지 못하겠나이다 하고 곧 벗고 손에 막대기를 가지고 시내에서 매끄러운 돌 다섯을 골라서 자기 목자의 제구 곧 주머니에 넣고 손에 물매를 가지고 블레셋 사람에게로 나아가니라 다윗이 블레셋 사람에게 이르되 너는 칼과 창과 단창으로 내게 나아 오거니와 나는 만군의 여호와의 이름 곧 네가 모욕하는 이스라엘 군대의 하나님의 이름으로 네게 나아가노라

묵상글

어린 다윗은 하나님을 누구보다 잘 알았다. 다윗은 사울의 갑옷을 벗고, 키가 약 3미터에 달하는 골리앗에 맞섰다. 그는 몇 개의 물맷돌만 들고 살아 계신 하나님을 담대히 선포하며 나아갔다.

그러나 다윗과 달리, 우리는 대부분 자기 자신이 누구인지 조차 모른 채 무덤으로 간다. 무의식적으로 다른 사람의 삶을 살거나, 다른

사람의 기대에 맞추어 산다. 진정한 자신이 되는 데 너무 익숙하지 않아서, 어디서부터 시작해야 좋을지 아는 것이 불가능해 보인다. 토마스 머튼은 우리가 흔히 어떻게 하는지를 묘사한다.

> "나는 이 거짓 자아에 옷을 입히기를 좋아한다. 그리고 자신을 쾌락과 영광의 경험들로 둘러싼다. 그것은 마치 반창고를 붙인 나를 나와 세상에 보이려 하는 것과 같다. 마치 나는 보이지 않는 몸이어서 어떤 보이는 것으로 덮어야만 하는 것처럼 말이다. 그러나 나를 덮은 그 반창고 밑에 실체는 없다. 나는 공허하다. 덮은 옷이 사라지면, 남는 것은 아무것도 없이 나 자신의 벌거벗음, 텅 빈 공허함뿐이다."[15]

처음 거짓 자아의 꺼풀들을 제거하기 위해 우리가 걸어야 하는 길은 매우 힘들다. 주변과 내면의 엄청난 힘들이 각 사람 안에 심어진 씨의 성장 과정을 질식시키려 한다. 그러나 동시에 온 우주의 하나님께서는 우리 안에 거처를 삼으신다(요 14:23). 하나님이 예수님께 주신 바로 그 영광을 우리에게도 주셨다(요 17:21-23).

생각할 질문
하나님이 당신에게 제거하라고 초청하시는 거짓 자아의 한 꺼풀은 무엇인가?

기도

주님, 다윗의 용기를 제게도 주셔서 당신이 주신 삶이 아닌 다른 삶을 살라고 하는 유혹에 저항하게 하소서. 제 앞의 '골리앗들'과 제가 너무나 자주 듣는 부정적 음성들로부터 저를 해방하소서. 오늘 당신의 음성을 듣고 순종하게 하소서. 예수님의 이름으로 기도합니다. 아멘.

침묵하기 (2분)

남과 다른 나의 은사

●

아침 기도

침묵하며 하나님께 초점 맞추기(2분)

성경 본문 읽기

시편 139편 13-16절

주께서 내 내장을 지으시며

나의 모태에서 나를 만드셨나이다

내가 주께 감사하옴은 나를 지으심이 심히 기묘하심이라

주께서 하시는 일이 기이함을 내 영혼이 잘 아나이다

내가 은밀한 데서 지음을 받고

땅의 깊은 곳에서 기이하게 지음을 받은 때에

나의 형체가 주의 앞에 숨겨지지 못하였나이다
내 형질이 이루어지기 전에 주의 눈이 보셨으며
나를 위하여 정한 날이
하루도 되기 전에
주의 책에 다 기록이 되었나이다

묵상글

다윗은 성경의 두 보완적 진리 사이의 긴장을 유지하고 있었다. 우리는 모두 용서와 구원자가 간절히 필요한 죄인들이다. 그와 동시에 하나님께서 우리를 하나님의 형상으로 창조하셔서, 어머니의 태중에서 엄청난 공을 들여 우리를 지으시고, 우리를 땅 위의 특별한 목적을 위해 선택하셨다. 파커 팔머가 시편 139편의 경이를 잘 표현하고 있다.

소명은 "저기 밖"에서 나를 부르는 소리로부터 나와서, 내가 아닌 다른 것이 되라는 것이 아니다. 소명은 "여기 안"의 소리에서 나와서, 나를 불러, 내가 태어날 때부터 되어야 할 사람이 되라고 하고, 탄생 때 하나님이 주신 원래의 나 됨을 성취하라고 한다.
천부적 권리인 자아는 이상한 선물이다. 그것을 받아들이는 것이 나 아닌, 다른 사람이 되려고 하는 것보다 더 힘들다. 그 요구가 더 까다롭다. 때로 나는 요구에 대한 반응으로 그 선물을 무시하거나, 숨기거나, 그것으로부터 도망가거나, 탕진해 버렸다. 나만 그렇지는 않을 것이다. 전통적인 하시딕 유태인의 전

승 중에 놀라울 정도로 간결하게, 자신이 아닌, 다른 사람이 되고자 하는 보편적 성향과, 자기 자신이 되는 것의 궁극적 중요성을 잘 드러내는 이야기가 있다. 랍비 주스야가 노인이 되었을 때 말했다. "우리가 만나게 될 세상에서는 '왜 너는 모세가 아니었느냐?'라고 내게 묻지 않을 것이다. '왜 너는 주스야가 아니었느냐?'라고 물을 것이다."[16]

생각할 질문

당신의 인생에서 무시해 왔거나 발견하지 못한 하나님이 주신 "천부적" 은사, 선물은 무엇인가?

기도

오늘 주님을 제 안에 모십니다. 그리스도 안에서 진정한 제가 되지 못하게 하는, 제 안에 깊이 박힌 사슬을 끊어 내소서. 그럼으로써 제 삶이 많은 사람들에게 축복이 되게 하소서. 예수님의 이름으로 기도합니다. 아멘.

침묵하기 (2분)

저녁 기도

침묵하며 하나님께 초점 맞추기(2분)

성경 본문 읽기

에베소서 3장 14-19절
이러므로 내가 하늘과 땅에 있는 각 족속에게 이름을 주신 아버지 앞에 무릎
을 꿇고 비노니 그의 영광의 풍성함을 따라 그의 성령으로 말미암아 너희 속
사람을 능력으로 강건하게 하시오며 믿음으로 말미암아 그리스도께서 너희
마음에 계시게 하시옵고 너희가 사랑 가운데서 뿌리가 박히고 터가 굳어져
서 능히 모든 성도와 함께 지식에 넘치는 그리스도의 사랑을 알고 그 너비와
길이와 높이와 깊이가 어떠함을 깨달아 하나님의 모든 충만하신 것으로 너
희에게 충만하게 하시기를 구하노라

묵상글
클레르보의 베르나르(AD 1090-1153)는 프랑스의 시토 수도원의 대수
도원장이었다. 많은 사람들은 그를 그 시대 최고의 기독교 리더이자
저술가라고 부른다. 그의 위대한 저서 《하나님 사랑하기(*Loving God*)》
에는 네 가지 단계의 사랑에 대해 말한다.

1단계. 자신을 위해 자신을 사랑하는 것

2단계. 하나님의 선물, 은사와 축복 때문에 하나님을 사랑하는
것

3단계. 하나님만을 위해 하나님을 사랑하는 것

4단계. 하나님을 위해 자신을 사랑하는 것

베르나르에게 사랑의 최고 단계는 우리를 향한 하나님의 사랑이다.
똑같은 정도, 똑같은 방식, 똑같은 사랑으로 우리 자신을 사랑하는
것이었다. 우리는 하나님이 사랑하시는 우리의 자아를 사랑한다.
우리 안의 본질적인 하나님의 형상은 죄로 인해 손상되었지만 본질
적인 그 형상을 사랑한다.[17]

생각할 질문

베르나르의 4단계 사랑 중에서 당신은 현재 어디에 속하는가?

기도

주님의 능력으로 저를 강하게 하사, 인간의 지식을 초월하는 그리스
도의 사랑이 얼마나 풍성한지 알게 하소서. 제가 오직 주님으로 인
해 주님을 사랑하게 하시고, 당신이 주시는 선물이나 은사, 축복 때
문에 사랑하지 않게 하소서. 오늘 하루 당신의 다정한 사랑을 깊이
경험하게 하소서. 예수님의 이름으로 기도합니다. 아멘.

침묵하기(2분)

Day 8

홀로 거함

●

아침 기도

침묵하며 하나님께 초점 맞추기(2분)

성경 본문 읽기

마가복음 10장 26-31절

제자들이 매우 놀라 서로 말하되 그런즉 누가 구원을 얻을 수 있는가 하니 예수께서 그들을 보시며 이르시되 사람으로는 할 수 없으되 하나님으로는 그렇지 아니하니 하나님으로서는 다 하실 수 있느니라 베드로가 여짜와 이르되 보소서 우리가 모든 것을 버리고 주를 따랐나이다 예수께서 이르시되 내가 진실로 너희에게 이르노니 나와 복음을 위하여 집이나 형제나 자매나 어머니나 아버지나 자식이나 전토를 버린 자는 현세에 있어 집과 형제와 자매와 어머니와 자식과 전토를 백 배나 받되 박해를 겸하여 받고 내세에 영생을 받지 못할 자가 없느니라 그러나 먼저 된 자로서 나중 되고 나중 된 자로서 먼저 될 자가 많으니라

묵상글

안토니(AD 251-356)는 이집트의 부유한 가정에서 자랐으며 그리스도인 부모 슬하에서 탁월한 교육과 양육을 받았다. 어느 주일에 안토니는 "네게 있는 것을 다 팔아 가난한 자들에게 나누어 주라 그리하면 하늘에서 네게 보화가 있으리라"는 말씀을 듣고, 하나님이 그의 심령에 직접적으로 말씀하신다고 느꼈다. 젊은 부자 관원과 달리, 그는 예수님께 믿음으로 응답했다. 소유를 팔고, 이집트 사막에 혼자 가서, 며칠이나 몇 주가 아니라, 20년을 살았다!

그는 소유를 거부하여 초연함을 배웠고, 말하기를 거부하여 동정심을 배웠고, 활동을 거부하여 기도를 배웠다. 사막에서 안토니는 하나님을 발견했을 뿐 아니라 마귀와 격렬히 싸웠다.

20년 후 그가 은둔 생활에서 돌아왔을 때, 사람들은 그에게서 진정으로 "건강한" 사람의 특징들을 발견할 수 있었다. 그는 몸, 정신, 영혼이 온전했다. 하나님은 곧 그를 그 시대의 가장 눈에 띄는 사역의 자리로 이끄셨다. 그는 부자와 빈민에게 복음을 전하고, 많은 치유를 일으키고, 귀신들을 쫓아내는 것 외에도 여러 사역을 했다. 심지어 콘스탄틴 어거스터스 황제가 그의 조언을 받고자 했다. 그는 지

칠 줄 모르고 교도소와 빈민들을 섬겼다.[18]

노년의 안토니는 더 깊은 은둔 생활 속으로 들어가서 하나님과의 직접적인 친교 속에 온전히 잠기고자 했다. 그는 356년에 106세로 죽었다.[19]

생각할 질문

안토니의 인생 이야기 중 당신에게 가장 인상적인 것은 무엇인가?

기도

주님, 안토니의 거짓되고 피상적인 자아의 꺼풀들이 주님과 함께 보내는 시간 동안에 벗어진 것을 보았습니다. 그리스도 안에서 참 자아를 흐릿하게 하고 파묻히게 하는 제 마음을 둘러싼 딱딱한 껍질을 깨소서. 제가 당신이 원하시는 사람이 되도록 변화시키소서. 예수님의 이름으로 기도합니다. 아멘.

침묵하기 (2분)

저녁 기도

침묵하며 하나님께 초점 맞추기(2분)

성경 본문 읽기

마태복음 4장 1-3, 8-11절

그때에 예수께서 성령에게 이끌리어 마귀에게 시험을 받으러 광야로 가사 사십 일을 밤낮으로 금식하신 후에 주리신지라 시험하는 자가 예수께 나아와서 이르되 네가 만일 하나님의 아들이어든 명하여 이 돌들로 떡덩이가 되게 하라 마귀가 또 그를 데리고 지극히 높은 산으로 가서 천하 만국과 그 영광을 보여 이르되 만일 내게 엎드려 경배하면 이 모든 것을 네게 주리라 이에 예수께서 말씀하시되 사탄아 물러가라 기록되었으되 주 너의 하나님께 경배하고 다만 그를 섬기라 하였느니라 이에 마귀는 예수를 떠나고 천사들이 나아와서 수종드니라

묵상글

홀로 있는 시간은 변화의 용광로가 된다. 홀로 있는 광야의 시간이 없이는 우리는 사회의 제물이 되어, 거짓 자아의 착각에 얽매일 뿐이다. 예수님은 친히 그 용광로 속으로 들어가서서, 세상의 3가지 강박에 유혹당하셨다. 그것은 순응("돌을 떡으로 바꾸라"), 허세("뛰어내리라"), 힘("이 모든 왕국들을 네게 주리라")이었다. 그러나 거기서 예수님은

하나님을 자신의 유일한 정체성으로 삼으셨다("주 너의 하나님께 경배하고 다만 그를 섬겨야 한다"). 홀로 거함은 큰 싸움과 큰 만남의 자리다. 즉 거짓 자아의 강박들과 싸우고, 하나님의 사랑을 온전히 알아 새 자아의 실체를 만나는 시간이다.

홀로 거함 속에서는 나의 버팀목들이 제거된다. 얘기할 친구도, 전화할 곳도 없다. 그때의 과업은 나의 홀로 거함 속에서 견뎌내고, 나의 방에 머물러, 나를 유혹하는 모든 방문자들이 내 문을 두드리다 지쳐 나를 혼자 놔두고 가게 하는 것이다.[20]

- 헨리 나우웬(Henri Nouwen)

생각할 질문

당신이 처한 유혹이나 시련을 용광로로 사용하셔서 내면과 신앙을 개발하시는 것을 느끼는가?

기도

주님, 부유하고, 영향력 있고, 인기 있지 않으면, 별 가치가 없다고 말하는 제 목소리들을 잠재우소서. 오늘 제가 당신의 음성인 "너는 내가 사랑하는 나의 아들, 딸이다. 내가 너를 기뻐한다"(마 3:16-17)를 경험하게 하소서. 예수님의 이름으로 기도합니다. 아멘.

침묵하기(2분)

탈진의 이유

●

아침 기도

침묵하며 하나님께 초점 맞추기(2분)

성경 본문 읽기

열왕기상 19장 1-5절

아합이 엘리야가 행한 모든 일과 그가 어떻게 모든 선지자를 칼로 죽였는지를 이세벨에게 말하니 이세벨이 사신을 엘리야에게 보내어 이르되 내가 내일 이맘때에는 반드시 네 생명을 저 사람들 중 한 사람의 생명과 같게 하리라 그렇게 하지 아니하면 신들이 내게 벌 위에 벌을 내림이 마땅하니라 한지라 그가 이 형편을 보고 일어나 자기의 생명을 위해 도망하여 유다에 속한 브엘세바에 이르러 자기의 사환을 그 곳에 머물게 하고 자기 자신은 광야로 들어가 하룻길쯤 가서 한 로뎀 나무 아래에 앉아서 자기가 죽기를 원하여 이르되 여호와여 넉넉하오니 지금 내 생명을 거두시옵소서 나는 내 조상들보다 낫지 못하니이다 하고 로뎀 나무 아래에 누워 자더니 천사가 그를 어루만지며 그에게 이르되 일어나서 먹으라 하는지라

묵상글

엘리야는 갈멜 산에서 850명의 거짓 선지자들을 크게 이기고 나서, 자기 목숨을 구하기 위해 도망했다. 그 과정은 그를 지치고 낙심하게 만들었다. 죽고 싶을 정도였다. 본문에는 나오지 않은 이유들로 인해서, 엘리야는 로뎀 나무 아래서 죽으려 했다. 오늘날로 말하자면 그는 "탈진했다."

> 내가 소유하지 않은 것을 주는 것은 거짓되고 위험한 선물을 주는 것이다. 그것은 사랑처럼 보이지만, 사실은 사랑이 없는 선물이다. 그것은 나 자신을 증명해 보여야 한다는 필요에서 나온 것이며, 상대방의 필요에 따른 것이 아니다.
> 숭고함이라는 명목으로 내가 나의 본질을 저해하고 있다는 한 가지 징후는 탈진이라는 상태다. 보통 탈진은 너무 많이 주려고 한 결과라고들 말하지만, 나의 경험으로, 탈진은 내가 소유하지 않은 것을 주려고 할 때의 결과다. 그것은 궁극적으로 너무 조금 주는 것이다! 탈진은 공허한 상태지만, 그것은 내가 가진 모든 것을 준 결과가 아니라, 애초에 내가 가진 것이 없는데, 주려 했다는 것을 드러낸다.[21]
> - 파커 팔머(Parker Palmer)

생각할 질문

하나님이 당신에게 인간으로서의 한계를 주셨다는 측면에서, 당신 자신을 존중한다는 것은 무엇일까?

기도

예수님, 제가 지킬 수 있는 것보다 더 많은 헌신의 약속에 제가 응하는 경향이 있다는 것을 당신은 아십니다. 신체적, 정서적, 영적 한계의 선물을 받아들이게 하소서. 그래서 주 예수님께서 오늘 제 안에서, 저를 통해서 영광 받으소서. 예수님의 이름으로 기도합니다. 아멘.

침묵하기(2분)

저녁 기도

침묵하며 하나님께 초점 맞추기(2분)

성경 본문 읽기

출애굽기 3장 1-5절

모세가 그의 장인 미디안 제사장 이드로의 양 떼를 치더니 그 떼를 광야 서쪽으로 인도하여 하나님의 산 호렙에 이르매 여호와의 사자가 떨기나무 가운데로부터 나오는 불꽃 안에서 그에게 나타나시니라 그가 보니 떨기나무에 불이 붙었으나 그 떨기나무가 사라지지 아니하는지라 이에 모세가 이르되 내가 돌이켜 가서 이 큰 광경을 보리라 떨기나무가 어찌하여 타지 아니하는고 하니 그 때에 여호와께서 그가 보려고 돌이켜 오는 것을 보신지라 하나님이 떨기나무 가운데서 그를 불러 이르시되 모세야 모세야 하시매 그가 이르되 내가 여기 있나이다 하나님이 이르시되 이리로 가까이 오지 말라 네가 선 곳은 거룩한 땅이니 네 발에서 신을 벗으라

묵상글

우리 내면에 하나님의 임재는 떨기나무의 불과 같다. 그것은 점차 우리를 점령하여, 참 자아로 만들고, 하나님이 원래 의도하신 대로의 모습으로 바꾼다. 그분은 빛이시고, 우리는 그분의 빛으로 충만해진다. 어쩌면 문자적으로 그럴 수도 있다. 어떤 성도들은 눈에 보

이게 빛났다. 이 변화를 가리키는 용어는 상당한 스캔들 거리다. 테오시스(theosis)는 하나님으로 변화된다는 의미이기 때문이다. 우리의 정체성을 잃지 않으면서도, 하나님으로 충만해진다. 그것은 마치 스폰지가 물을 흡수하는 것과 같다.[22]

-프레데리카 매튜스 그린(Frederica Mathewes-Green)

생각할 질문

하나님이 그의 임재의 불로 태우고자 하시는 당신의 속사람의 한 영역은 무엇인가(예: 이기심, 욕심, 원망, 조급함 등등)?

기도

예수님이 죄로 인한 형벌에서 저를 속죄하시고, 죽음에서 구원하셔서 영생을 주심을 믿습니다. 동시에 예수님이 저의 혈관 속에 흐르는 독으로부터, 빛을 가로막는 것으로부터 저를 지키심을 믿습니다. 주여 타오르는 불로 제 안에 침노해 들어오셔서 창조하신 모습 그대로 만지소서. 예수님의 이름으로 기도합니다. 아멘.

침묵하기 (2분)

Day 10

사그라들지 않는
인정받고 싶은 욕구

●

아침 기도

침묵하며 하나님께 초점 맞추기(2분)

성경 본문 읽기

로마서 8장 35-39절

누가 우리를 그리스도의 사랑에서 끊으리요 환난이나 곤고나 박해나 기근이

나 적신이나 위험이나 칼이랴 기록된 바 우리가 종일 주를 위하여 죽임을 당

하게 되며 도살 당할 양 같이 여김을 받았나이다 함과 같으니라 그러나 이 모

든 일에 우리를 사랑하시는 이로 말미암아 우리가 넉넉히 이기느니라 내가 확신하노니 사망이나 생명이나 천사들이나 권세자들이나 현재 일이나 장래 일이나 능력이나 높음이나 깊음이나 다른 어떤 피조물이라도 우리를 우리 주 그리스도 예수 안에 있는 하나님의 사랑에서 끊을 수 없으리라

묵상글

대부분의 사람들은 타인이 나를 어떻게 생각하느냐에 많은 비중을 둔다. 갈라디아서 말씀처럼, 사도 바울은 이 고민을 잘 이해했다. 스캇 펙은 15살 때 고등학교 친구를 만난 이야기를 통해 핵심을 잘 설명하고 있다. 다음은 그가 친구와 대화하고 나서 생각한 것이다.

> "나는 갑자기 깨달았다. 친구를 처음 본 때부터 그 순간까지 10분 내내, 나는 나의 자아에만 온전히 몰두하고 있었다. 우리가 만나기 전 2-3분 동안 내가 생각한 전부는 어떤 기발한 말을 해서 그에게 좋은 인상을 남길까 였다. 우리가 만난 5분 동안, 내가 그에게 귀 기울인 것은 순전히 내가 어떤 재치 있는 말로 대꾸해야 할지 알기 위해서였다. 내가 그를 응시한 것은 내 말이 그에게 미치는지 영향을 보기 위해서였다. 우리가 헤어지고 나서 2-3분 동안 내가 오로지 생각한 것은 내가 어떤 말을 했더라면 그가 더 좋은 인상을 받았을 텐데 라는 것뿐이었다. 나는 친구에 대해선 눈곱만큼도 관심이 없었다."[23]

15살 때 내면 깊은 곳에서 어떤 일이 일어나는지에 대한 자세한 설

명을 읽을 때 가장 소름끼치는 것은 똑같은 역학이 우리의 20대, 30대, 50대, 70대, 90대까지 계속되기 때문이다. 우리는 가면을 쓴 삶에 익숙하다. 우리에게 참된 자유가 임하는 것은 우리가 더는 남들이 보기에 특별한 사람이어야 할 필요가 없을 때이다. 왜냐하면 우리가 그리스도 안에서 충분히 사랑스럽다는 것을 알기 때문이다.

생각할 질문

인간의 인정을 바라기를 그치고, 하나님의 인정만을 추구한다면, 오늘 당신의 하루는 어떻게 변할것인가?

기도

제게 용기를 주셔서 오늘 주님이 시키시는 것을 하고, 주님이 말하라고 하시는 것을 말하고, 주님이 되라고 하시는 사람이 되게 하소서. 예수님의 이름으로 기도합니다. 아멘.

침묵하기(2분)

저녁 기도

침묵하며 하나님께 초점 맞추기(2분)

성경 본문 읽기

이사야 40장 28-31절
너는 알지 못하였느냐 듣지 못하였느냐
영원하신 하나님 여호와 땅끝까지 창조하신 이는
피곤하지 않으시며 곤비하지 않으시며
명철이 한이 없으시며
피곤한 자에게는 능력을 주시며
무능한 자에게는 힘을 더하시나니
소년이라도 피곤하며 곤비하며 장정이라도 넘어지며 쓰러지되
오직 여호와를 앙망하는 자는 새 힘을 얻으리니
독수리가 날개치며 올라감 같을 것이요
달음박질하여도 곤비하지 아니하겠고 걸어가도 피곤하지 아니하리로다

묵상글
《새의 노래(Song of the Bird)》에서 토니 드 멜로가 이런 이야기를 한다.

한 사람이 독수리 알을 발견해서 닭 둥지에 넣었다. 독수리 새

끼는 병아리들과 함께 부화되어 자랐다. 그 독수리는 평생 닭들이 하는 행동을 보면서, 자신을 닭으로 생각했다. 흙을 파서 벌레와 곤충을 잡아먹고 꼬꼬댁거리며 울었다. 그리고 날개를 몇 번 펄럭여 살짝 떠오르기만 했다. 세월이 흘러 독수리는 매우 늙었다. 어느 날 그는 멋진 새가 청명한 하늘을 나는 것을 보았다. 그 새는 우아하고 장엄하게 거센 바람을 따라 활강하며, 강한 금빛 날개를 펄럭이지도 않았다.

늙은 독수리는 경탄하며 바라보았다. "그건 독수리야. 새들의 왕이지." 그의 이웃이 말했다. "그는 하늘에 속하고, 우린 땅에 속해. 우리는 닭이야."

그 독수리는 닭으로 살다가 닭으로 죽었다. 왜냐하면 그가 자신을 그렇게 생각했기 때문이다.[24]

생각할 질문

당신은 삶의 어떤 영역에서 닭같은 독수리로 살고 있는가?

기도

하나님, 당신은 저를 하늘을 나는 황금 독수리로 만드셨습니다. 그러나 많은 부분에서 저는 여전히 닭으로 살고 있습니다. 성령으로 저를 자유롭게 하셔서 창조하신 바로 그 사람이 되게 하소서. 예수님의 이름으로 기도합니다. 아멘.

침묵하기(2분)

당신의 발목을 잡는
과거와
화해하라

나를 짓누르는 과거의 무게

●

아침 기도

침묵하며 하나님께 초점 맞추기(2분)

성경 본문 읽기

히브리서 11장 24-27절

믿음으로 모세는 장성하여 바로의 공주의 아들이라 칭함 받기를 거절하고 도리어 하나님의 백성과 함께 고난받기를 잠시 죄악의 낙을 누리는 것보다 더 좋아하고 그리스도를 위하여 받는 수모를 애굽의 모든 보화보다 더 큰 재물로 여겼으니 이는 상 주심을 바라봄이라 믿음으로 애굽을 떠나 왕의 노함을 무서워하지 아니하고 곧 보이지 아니하는 자를 보는 것 같이 하여 참았으며

묵상글

최악의 고통스러운 가족 경험도 우리 정체성의 일부가 된다. 하나님은 특별한 계획 속에 우리를 특정 가정과 교회에 두셨다. 우리의 가정에 대해 알수록, 우리 자신에 대해 더 알게 된다. 그래서 우리는 어떻게 살 것인지 더 자유롭게 결정하게 된다.

두려움 때문에 진실을 덮어 두면, 우리는 찰스 디킨슨의 소설《위대한 유산》에 나오는 해비셤처럼 되고 만다. 부자 아버지를 둔 그녀는 결혼식 날 아침 8시 40분에 남편이 오지 않을 것이라는 편지를 받았다. 그녀는 평생 집안의 모든 시계를 편지가 도착한 그 시각에 맞추어 놓고, 일평생 신부 드레스를 입고 있었다. 결국은 순백의 드레스는 누런색으로 바랬다. 또한 신발을 한 짝만 신고 지냈다. 그 비운의 시각에 아직 다른 한 짝은 신지 않고 있었기 때문이다. 할머니가 되어서도 그녀는 여전히 그 충격에 시달리고 있었다. 마치 "집안의 모든 것이 멈춘 것 같았다." 그녀는 현재나 미래가 아닌, 과거에 머물러 살기로 결정했다.[25]

모세의 삶에도 평균 이상의 고통과 실패가 있었다. 풍족한 상류층에서 자란 그는 살인을 저지르고 나서 모든 것을 잃었으며, 40년을 사막에서 보냈다. 그러나 그는 믿음으로 "보이지 않는 분을 보고" 많은 사람들에게 축복이 될 일을 하라는 하나님의 초청을 듣는다.

생각할 질문

과거의 실패나 아픔과 관련해서, 하나님은 당신에게 어떤 초청을 하시는가?

주님, 저에게 자유를 주서서 당신이 계획하신 사람이 되게 하소서. 제가 주의를 기울여 당신의 음성을 듣고, 당신을 따르려 하면서도 지고 있는 짐을 내려놓게 하소서. 삶에서 과거와 미래 모두에 역사하고 계신 당신의 손길을 분별하게 하소서. 예수님의 이름으로 기도합니다. 아멘.

침묵하기(2분)

저녁 기도

침묵하며 하나님께 초점 맞추기 (2분)

성경 본문 읽기

누가복음 9장 59-62절

또 다른 사람에게 나를 따르라 하시니 그가 이르되 나로 먼저 가서 내 아버지
를 장사하게 허락하옵소서 이르시되 죽은 자들로 자기의 죽은 자들을 장사
하게 하고 너는 가서 하나님의 나라를 전파하라 하시고 또 다른 사람이 이르
되 주여 내가 주를 따르겠나이다마는 나로 먼저 내 가족을 작별하게 허락하
소서 예수께서 이르시되 손에 쟁기를 잡고 뒤를 돌아보는 자는 하나님의 나
라에 합당하지 아니하니라 하시니라

묵상글

한 소년의 이야기다. 크고 사나운 강가에서 자란 소년은 어릴
때부터 뗏목 만드는 법을 배웠다. 소년은 어른이 되자, 나무를
베어 뗏목을 만들어 타고 멀리 강 건너편으로 갔다. 너무 공들
여 만든 뗏목이라서, 그는 차마 두고 가지 못했다. 그래서 어깨
에 메고 다녔다. 그가 가는 길에는 쉽게 건널 수 있는 개울이나
웅덩이밖에 없었는데도 말이다. 그는 그렇게 큰 뗏목을 지고 다

니느라, 잃어버리고 있는 것이 뭔지 생각하지 못했다. 그는 나무에 올라갈 수 없었고, 멋진 풍경을 바라보지 못했고, 사람들에게 가까이 다가가지 못했고, 달리지 못했다. 심지어 그는 그 뗏목이 얼마나 무거운지조차 깨닫지 못했다. 거기서 벗어난 적이 단 한 번도 없었기 때문이다.[26]

- 로리 고든(Lori Gordon)

우리 모두는 큰 외적 사건들과 환경들에 의해 평생 동안 영향을 받지만, 우리의 원 가정이야말로 우리가 속하는 가장 영향력 있는 그룹일 것이다. 청년이 되어 집을 떠나며, 가족과 결별하기로 결단하더라도, 가족의 삶의 방식이 나를 어디든 따라다니는 것을 발견하게 된다.

과거의 가족 패턴이 현재의 인간관계에 발현되지만 그것을 인식조차 못할 수 있다. 가족의 역사가 모두의 내면에 살아 있다. 특히 그것을 묻으려 하는 사람들에게 말이다. 그것을 위해 치르는 값은 크다.

오직 진리만이 우리를 자유롭게 한다. 우리는 잘못 배운 것을 털어 버릴 수 있다. 하나님의 은혜와 능력으로 새로운 것을 배워서, 변화와 자유를 가능하게 할 수 있다.

생각할 질문

당신은 어떤 무거운 뗏목을 지고서 하나님이 당신 앞에 두신 산을 오르려 하는가?

기도

주님, 저도 아픈 과거를 바라보거나 기억하고 싶지 않습니다. 오, 아버지, 제가 저의 과거 때문에 지고 다니는 무거운 짐이나 멧목이 무엇인지 보여 주소서. 과거에 정직하게 직면하는 법을 배워서, 그 과거를 당신의 손에 맡기게 하소서. 저를 사용하셔서 과거의 짐에서 자유롭게 하시고 그리스도 안에서 성숙하고 성장하게 하소서. 예수님의 이름으로 기도합니다. 아멘.

침묵하기 (2분)

누가 내 어머니이며 동생들이냐

●

아침 기도

침묵하며 하나님께 초점 맞추기(2분)

성경 본문 읽기

마가복음 3장 31-35절

그때에 예수의 어머니와 동생들이 와서 밖에 서서 사람을 보내어 예수를 부르니 무리가 예수를 둘러 앉았다가 여짜오되 보소서 당신의 어머니와 동생들과 누이들이 밖에서 찾나이다 대답하시되 누가 내 어머니이며 동생들이냐 하시고 둘러 앉은 자들을 보시며 이르시되 내 어머니와 내 동생들을 보라 누구든지 하나님의 뜻대로 행하는 자가 내 형제요 자매요 어머니이니라

묵상글

우리는 그리스도인이 될 때, 예수님의 가족으로 입양된다. 예수님은 사람들을 부르실 때 예수님께 먼저 충성해야 함을 직접적으로 밝히셨다. 제자도는 불신의 죄악된 패턴을 벗고 믿음의 선택을 입어, 하나님의 가족으로 살도록 변화되는 것이다.

우리가 나아가기 위해 물러날 때, 그것은 끝없는 과정임을 발견한다. 과거로 돌아가서 과거의 파괴적인 힘을 깨뜨린다. 그리고 나중에 하나님은 우리가 같은 사안에 대해 더 깊이, 더 의미심장하게 돌아오게 하신다.

토마스 키팅은 우리 내면의 하나님의 역사를 중동지역의 고고학 발굴지에 비교한다. 한 문명이 다른 문명 위에 세워졌다. 고고학자들은 층층이, 이 문화에서 더 이전 문화로, 역사를 깊이 발굴해나간다. 성령께서도 고고학자로서 우리 삶의 꺼풀들을 파내려 가신다.

"성령께서는 우리의 전 삶의 역사를 한 겹, 한 겹 조사하여, 쓰레기는 버리고, 인간 발달의 각 단계에 적합한 가치는 보존하신다. 결국 성령께서 우리의 가장 초기의 정서적 삶의 기반을 파헤치기 시작하신다. 따라서 하나님이 우리를 기다리고 계신 중심을 향해 전진해 나아갈수록, 우리의 자연적인 느낌으로는, 우리가 점점 더 나빠지고 있는 것 같다. 이것은 영적 여정은 성공신화나 승진 같은 것이 아니라고 우리에게 알려 준다. 오히려 그것은 거짓 자아가 연속적으로 낮아지고 부끄러움을 당하는 것이다."[27]

생각할 질문
당신은 어떤 거짓 자아와 씨름하고 있고, 그리스도께서 당신이 그 자아에 대해 죽어야 한다고 말씀 하시는가?

기도

성령님, 제게 임하셔서 사람들과의 관계와 교제를 저해하는 존재의 꺼풀들을 파헤치소서. 당신이 깊이 파내려 가시도록 허락할 인내심을 제게 주소서. 그래서 그리스도로 말미암지 않은 모든 것을 저에게서 제거하소서. 저를 당신의 임재로 충만히 채우소서. 예수님의 이름으로 기도합니다. 아멘.

침묵하기(2분)

저녁 기도

침묵하며 하나님께 초점 맞추기(2분)

성경 본문 읽기

히브리서 12장 1-3절

이러므로 우리에게 구름 같이 둘러싼 허다한 증인들이 있으니 모든 무거운 것과 얽매이기 쉬운 죄를 벗어 버리고 인내로써 우리 앞에 당한 경주를 하며 믿음의 주요 또 온전하게 하시는 이인 예수를 바라보자 그는 그 앞에 있는 기쁨을 위하여 십자가를 참으사 부끄러움을 개의치 아니하시더니 하나님 보좌 우편에 앉으셨느니라 너희가 피곤하여 낙심하지 않기 위하여 죄인들이 이같이 자기에게 거역한 일을 참으신 이를 생각하라

묵상글

아씨시의 프란시스는 과거 이천 년 중 가장 영향력 있는 그리스도인 중 한 사람이다. 그는 그의 가족과 극적으로 헤어졌다. 프란시스가 그리스도와의 관계에 더 열심을 품고 이윤이 큰 아버지의 사업에 점점 더 관심을 잃게 되자, 부자 사이에 갈등이 고조되었다. 그러다 이런 사건이 터지고 말았다.

아버지가 아들을 동네 주교 앞으로 끌고 갔다. 그는 동네에서 신앙의 권위자인 주교가 아들에게 지각을 좀 불어 넣어 주기를 바랐다. 그러나 오히려 역효과만 났다. 프란시스는 하나님과 모든 사람들 앞에서 옷을 벗어 아버지에게 건넸다. 프란시스는 태어나던 날처럼 벌거벗고 서서 말했다. "지금까지는 당신을 아버지라고 불렀지만, 이제부터는 주저 없이 '하늘에 계신 우리 아버지'를 아버지로 부르겠습니다."

프란시스는 즐거워하며 떠났고, 번거로운 부, 가족, 사회적 인정에서 돌연 벗어났다. 그러나 그가 온 마음을 다해 섬길 수 있기 전에 마지막 한 가지 장애물이 남아 있었다. 어느 날 그는 길거리에서 걸어가다가, 나병환자가 자기 쪽으로 오는 것을 보았다. 그는 기회가 다가왔음을 알았다. 프란시스는 손을 내밀고 그에게 입 맞추었다.[28]

아씨시의 프란시스는 히브리서 12장에 언급된 "구름같이 둘러싼 허다한 증인들" 중의 한 명일 것이다. 그는 문자 그대로 "얽매이기 쉬운 모든 것을 던져버렸다." 그러자 하나님이 그를 비범한 삶과 소명으로 이끄셨다.

생각할 질문

프란시스의 이야기에서 당신에게 가장 큰 영향을 준 것은 무엇인가? 그것을 통해 하나님이 당신에게 주신 말씀은 무엇인가?

기도

주님 같은 분은 없습니다. 당신을 저의 궁극적인 아버지로 알기 원합니다. 당신의 측량할 수 없는 무조건적인 사랑이 저를 자유하게 해, 당신을 위해 살게 하소서. 오직 당신만이 저의 참 아버지이십니다. 예수님의 이름으로 기도합니다. 아멘.

침묵하기(2분)

잊어버릴 것과
기억해야 할 것

●

아침 기도

침묵하며 하나님께 초점 맞추기(2분)

성경 본문 읽기

창세기 50장 15, 18-21절
요셉의 형제들이 그들의 아버지가 죽었음을 보고 말하되 요셉이 혹시 우리
를 미워하여 우리가 그에게 행한 모든 악을 다 갚지나 아니할까 하고 그의 형
들이 또 친히 와서 요셉의 앞에 엎드려 이르되 우리는 당신의 종들이니이다

요셉이 그들에게 이르되 두려워하지 마소서 내가 하나님을 대신하리이까 당신들은 나를 해하려 하였으나 하나님은 그것을 선으로 바꾸사 오늘과 같이 많은 백성의 생명을 구원하게 하시려 하셨나니 당신들은 두려워하지 마소서 내가 당신들과 당신들의 자녀를 기르리이다 하고 그들을 간곡한 말로 위로하였더라

묵상글

요셉은 상처와 슬픔으로 점철된 가정에 태어났다. 거짓말, 시기, 비밀과 배신이 요셉의 어린 삶의 전부였다. 그는 10-13년을 감옥에서 보내며, 가족과 완전히 끊어졌다.

그럼에도 불구하고 요셉은 그 모든 불운과 실망 속에서도 하나님의 큰 손, 사랑의 손을 보았다. 요셉은 아무도 몰라주는 것 같은 상황 속에서도 하나님이 신비롭게 자신을 하나님의 목적 안으로 이끌어 주심을 인정했다. 하나님은 전능하신 여호와 하나님이시며, 온 역사가 하나님의 손 안에 있으며, 땅 위의 우리는 잘 모르는 방법으로 역사하신다. 요셉은 모든 일 중에 하나님이 역사하심을 알았다. 하나님은 인간의 모든 노력에도 뒤집으시며 역사하시고, 그 모든 것을 지휘하셔서 하나님의 목적을 이루신다.[29]

자신을 하나님께 온전히 드리고 순복할 때, 하나님은 과거의 어느 한 부분도 하나님의 미래를 위해 잃지 않으신다. 그는 주관자 하나님이시다! 자신을 하나님께 맡길 때, 삶의 여정에서 하는 모든 실수, 범죄, 퇴보조차도 하나님이 취하셔서, 축복된 미래를 약속하신다.

왜 하나님은 요셉에게 그러한 고통과 손실을 허락하셨는가? 우리는

거기서 나온 유익의 일면을 창세기 37-50장에서 보지만, 큰 부분은 여전히 미스터리다. 오늘날 우리에게 가장 중요한 것은 요셉이 과거를 부인하지 않으면서도, 하나님의 선하심과 사랑을 깨달아 아는 것이다. 처한 상황이 감당할 수 없을 때라도 요셉이 주를 신뢰했다는 것이다.[30]

생각할 질문

과거의 고통(잘못, 죄, 실패, 실망)을 오늘 하나님께 맡긴다는 것은 어떤 것일까?

기도

아버지, 저도 요셉처럼 시인합니다. 하나님 아버지의 주권으로 저를 저의 가족, 저의 문화, 저의 현재 상황에 두셨습니다. 저는 당신이 보는 모든 것을 보지 못하지만, 어떻게 제가 요셉처럼, 당신의 사랑과 능력 안에 안식할 수 있는지 제게 보여 주소서. 하나님이 선을 이루고 계심이 제 눈에 전혀 안 보일 때라도 말입니다. 예수님의 이름으로 기도합니다. 아멘.

침묵하기(2분)

저녁 기도

침묵하며 하나님께 초점 맞추기(2분)

성경 본문 읽기

창세기 45장 4-7절

요셉이 형들에게 이르되 내게로 가까이 오소서 그들이 가까이 가니 이르되 나는 당신들의 아우 요셉이니 당신들이 애굽에 판 자라 당신들이 나를 이곳에 팔았다고 해서 근심하지 마소서 한탄하지 마소서 하나님이 생명을 구원하시려고 나를 당신들보다 먼저 보내셨나이다 이 땅에 이 년 동안 흉년이 들었으나 아직 오 년은 밭갈이도 못하고 추수도 못할지라 하나님이 큰 구원으로 당신들의 생명을 보존하고 당신들의 후손을 세상에 두시려고 나를 당신들보다 먼저 보내셨나니

묵상글

대부분의 사람들은 과거로 돌아가서 상처와 아픔을 느끼기를 거부한다. 그랬다가는 그 구덩이에 다시 빠져버릴 것만 같기 때문이다. 우리의 상황은 점점 더 나빠지는 것만 같다. 그러나 요셉은 가족과 재회했을 때 반복해서 울었다. 성경에는 그가 너무 크게 울어서 애굽인들이 들었다고 나올 정도다(참조-창 45:2).

요셉은 괴로운 과거의 세월을 축소하거나 합리화하지 않았다. 요셉이 화가 나서 형들에게 복수했을 수도 있다. 그러나 아픔을 정직하게 슬퍼함으로써, 그는 자기를 배신한 형들을 진정으로 용서하고 축복할 수 있었다. 그는 하나님이 자신을 애굽으로 먼저 보내셔서 가족의 생명을 구원하려 하셨다는 것을 분별해 낼 수 있었다(참조, 창 45:7).

여기서 질문은 "요셉이 어떻게 그렇게 할 수 있었는가?"이다. 요셉은 하나님과의 관계 속에서 오랫동안 비밀스러운 역사를 쌓아온 것이 분명하다. 그의 전 삶은 이스라엘의 여호와 하나님을 따르는 것을 중심으로 이루어져 왔다. 그래서 지극히 중요한 결정의 순간이 왔을 때, 그는 준비되어 있었다. 그는 가족의 리더가 되길 결정했고 그것을 생애 마지막 날까지 지속하며, 재정적, 정서적, 영적 자원과 양식을 가족에게 공급했다.

생각할 질문
삶의 어떤 고통이 당신이 인정하고 애통해 주기를 기다리고 있는가?

기도
주님, 제게 상처 준 사람들을 용서하오니 저의 죄를 용서하소서. 저를 과거의 상처에 대한 애통과 치유 과정 속으로 통과하게 하셔서, 저에게 친절하지 않았던 사람들에게까지 진심으로 친절을 베풀게 하소서. 저를 도우사, 요셉처럼, 저도 당신과 늘 함께 있음으로써 결국 다른 많은 사람들에게 축복이 되게 하소서. 예수님의 이름으로 기도합니다. 아멘.

침묵하기(2분)

고난이라는 선물

●

아침 기도

침묵하며 하나님께 초점 맞추기(2분)

성경 본문 읽기

사도행전 9장 1-6, 15-16절

사울이 주의 제자들에 대하여 여전히 위협과 살기가 등등하여 대제사장에게 가서 다메섹 여러 회당에 가져갈 공문을 청하니 이는 만일 그 도를 따르는 사람을 만나면 남녀를 막론하고 결박하여 예루살렘으로 잡아오려 함이라 사울이 길을 가다가 다메섹에 가까이 이르더니 홀연히 하늘로부터 빛이 그를 둘

러 비추는지라 땅에 엎드러져 들으매 소리가 있어 이르시되 사울아 사울아
네가 어찌하여 나를 박해하느냐 하시거늘 대답하되 주여 누구시니이까 이르
시되 나는 네가 박해하는 예수라 너는 일어나 시내로 들어가라 네가 행할 것
을 네게 이를 자가 있느니라 하시니 주께서 이르시되 가라 이 사람은 내 이름
을 이방인과 임금들과 이스라엘 자손들에게 전하기 위하여 택한 나의 그릇
이라 그가 내 이름을 위하여 얼마나 고난을 받아야 할 것을 내가 그에게 보이
리라 하시니

묵상글

사울의 큰 회심과 사도로서의 삶을 이해하려면 사도행전 9장의 유
명한 사건에 이르기까지의 사울의 전 삶과 그가 받은 훈련을 알아야
한다.

키에르케고르는 삶은 앞을 바라보고 나아가는 것이지만, 삶을 진정
으로 이해하기 위해서는 뒤돌아 볼 줄 알아야 한다고 말했다. 알렉
산드르 솔제니친의 삶이 바로 그랬다.

솔제니친은 20세기의 위대한 러시아 작가로 알려졌지만, 그의 그러
한 소명이 늘 분명했던 것은 아니다. 그의 인생의 목적은 소련의 수
용소, 굴락의 경험 속에서 성장했다. 거기서 그는 집필에 대한 고뇌,
암의 기적적 치유, 예수님의 제자인 한 유대인의 전도를 통한 회심
을 경험했고, "죽어 가는 수많은 사람들의 많은 마지막 바람들"을 기
록하라는 부담이 점점 깊어졌다.

한 가지 우려는 내가 그 모든 계획을 다 실행할 시간이 없을지

모른다는 것이었다. 그러나 내가 이 세상에서 나를 위해 예비된 한 공간을 채워야 하고 그곳이 나를 오래 기다렸고, 그것은 나만을 위해 만들어진 틀이며, 바로 이 시간에 나만 분별할 수 있는 것인 것처럼 느껴졌다. 나는 녹아, 견딜 수 없이 조급하게 그 틀에 부어져, 식어 굳기 전에, 공기방울이나 금이 없이, 그 틀을 가득 채우려고 했다. 그때 일어난 일에 대한 참된 의미가 나에게 나중에 필연적으로 분명해 졌을 때, 나는 놀라 말문이 막힐 지경이었다.[31]

- 알렉산드르 솔제니친(Aleksandr Solzhenitsyn)

생각할 질문

세상의 어떤 공간이 당신에 의해 채워지기를 기다리고 있는가. 과거를 통해 어떤 미래를 준비하고 있는가?

기도

주님은 선하시며 주님의 사랑은 영원합니다. 좋은 것만 아니라 나쁜 것에 대해서도, 성공과 실패에 대해서도, 과거의 기쁨과 슬픔에 대해서도 당신을 신뢰하게 하소서. 저에게 부드럽게 '모든 게 다 괜찮아. 그리고 모든 게 다 괜찮아질 거야'라고 말씀하시는 주님의 음성에 순복하게 하소서. 예수님의 이름으로 기도합니다. 아멘.

침묵하기(2분)

저녁 기도

침묵하며 하나님께 초점 맞추기(2분)

성경 본문 읽기

사무엘상 16장 6-7절
그들이 오매 사무엘이 엘리압을 보고 마음에 이르기를 여호와의 기름 부으실 자가 과연 주님 앞에 있도다 하였더니 여호와께서 사무엘에게 이르시되 그의 용모와 키를 보지 말라 내가 이미 그를 버렸노라 내가 보는 것은 사람과 같지 아니하니 사람은 외모를 보거니와 나 여호와는 중심을 보느니라 하시더라

묵상글

체임 포톡이 그의 소설 《선택된 자》에서 뉴욕 브루클린에서 자란 두 소년의 우정을 이야기한다. 대니는 엄격한 하시딤 유대인이고 루븐은 보수적 유대인이다. 대니의 아버지는 하시딤 공동체의 리더이고, 아들을 침묵 속에 키운다. 그는 절대로 아들에게 직접 말하지 않는다.

대니는 상처와 혼란에 휩싸인다. 그는 아버지가 왜 그렇게 거리를 두고 큰 고통을 주는지 이해할 수 없었다. 그러나 소설 끝에서 그의

아버지가 그것은 사랑의 행동이었다고 설명한다.

대니는 나중에 그의 고통스러운 경험을 회상한다. "나의 아버지는 우리가 함께 공부할 때 외에는 나에게 전혀 애기하지 않으셨어. 아버지는 나를 침묵으로 가르치셨어. 아버지는 내가 나 자신을 들여다보고, 장점을 발견하고, 나의 영혼과 함께 나 자신 안에서 걷도록 나를 가르치셨어."

그는 그가 겪은 고통이 좋은 결과를 낳은 것을 발견한다. "사람들의 고통을 배우려면 자신이 고통을 경험해야 해. 내면을 보고, 자신의 영혼을 발견함으로써 말이지. 고통을 직접 아는 게 중요해. 고통은 우리의 자만, 오만, 남들에 대한 무관심을 깨뜨리지. 우리가 얼마나 약하고 작은지, 우리가 우주의 주인께 얼마나 의존해야 하는지를 깨닫게 하지."[32]

일곱 아들 중 막내로서 다윗의 삶이 어땠을지 우리는 궁금할 것이다. 그는 형들뿐 아니라, 아버지로부터도 '투명 인간' 취급을 받으면서 무엇을 배웠을까? 그 경험이 어떻게 그의 인격을 빚어서, 나중에 그가 "하나님의 마음에 합한 사람"이 되었을까?

생각할 질문
"나의 아픔으로 남들의 아픔을 이해하게 된" 경우들이 있는가?

기도
삶에서 경험하는 아픔들로 제 안에 죽어야 할 것들인 오만, 교만, 남들에 대한 무관심을 죽이게 하소서. 제가 매일 저의 연약함을 보게 하시고 제가 "우주의 주인"이신 당신께 얼마나 의존하고 있는지 보게 하소서. 예수님의 이름으로 기도합니다. 아멘.

침묵하기(2분)

Day 15

믿음을 가질 것이냐,
두려워할 것이냐

●

아침 기도

침묵하며 하나님께 초점 맞추기(2분)

성경 본문 읽기

출애굽기 14장 10, 13-16절

바로가 가까이 올 때에 이스라엘 자손이 눈을 들어 본즉 애굽 사람들이 자기
들 뒤에 이른지라 이스라엘 자손이 심히 두려워하여 여호와께 부르짖고 모세
가 백성에게 이르되 너희는 두려워하지 말고 가만히 서서 여호와께서 오늘 너
희를 위하여 행하시는 구원을 보라 너희가 오늘 본 애굽 사람을 영원히 다시
보지 아니하리라 여호와께서 너희를 위하여 싸우시리니 너희는 가만히 있을

지니라 여호와께서 모세에게 이르시되 너는 어찌하여 내게 부르짖느냐 이스라엘 자손에게 명령하여 앞으로 나아가게 하고 지팡이를 들고 손을 바다 위로 내밀어 그것이 갈라지게 하라 이스라엘 자손이 바다 가운데서 마른 땅으로 행하리라

묵상글

모세와 모세의 주변 인물들은 홍해 앞에서 애굽 군대에게 따라잡혔을 때 경건한 리더십을 보여 준다. 염려에 휩싸인 이스라엘 백성의 무리는 과거를 왜곡해가면서 전진하기를 거절했다. 그들은 하나님과의 불확실한 미래보다 불행한 과거를 선호했다.

그러나 모세는 용감하게 홀로 서서 "잠잠하라" 그리고 "전진하라"고 그들에게 말한다. 모세는 자기의 지팡이를 들고 주도적으로 전진의 발걸음을 디뎠다. 여호와를 기억함(잠잠히 섬)으로 모세는 다른 사람들의 지원의 결여에도 불구하고 용감하게 최선을 실행했다(나아갔다). 그는 "잠잠히 서면서도" 동시에 "전진"하는 섬세한 균형의 모범을 보여 주었다. 그렇게 함으로써, 그는 자신의 삶뿐만이 아니라, 주변 모든 사람들의 삶을 변화시켰다.

숨을 쉬는 사람이라면 누구든 하루에도 여러 번 "리더"가 된다. 우리가 어떤 행동으로 다른 이를 인도하는지의 범위는 다양하다. 미소에서부터 인상 쓰는 것까지, 축복의 말부터 저주의 말까지, 믿음을 가질 것이냐, 두려워할 것이냐의 결정까지 말이다. 자신을 리더로 생각하기를 거부한다면, 그것은 겸손하기 때

문이 아니다. 삶의 현실을 올바로 보고 있기 때문도 아니다. 내가 인정하든 안 하든, 나는 세상에 영향을 미치고 있고, 그것에 대한 책임이 있다.

리더로서의 자격 요건은 무엇인가? 인간인 것, 그리고 여기 있는 것이다. 내가 여기 있는 한, 무엇이든 하고 있는 한, 나는 좋은 쪽으로든 나쁜 쪽으로든 리더로서 이끌고 있는 것이다. 당신도 그렇다.[33]

- 파커 팔머(Parker Palmer)

생각할 질문

출애굽기 14장 14-15절의 "여호와께서 너희를 위하여 싸우시리니 너희는 가만히 있을지니라"와 "나아가라"가 당신에게 어떻게 적용될 수 있을까?

기도

주님, 광야의 이스라엘 백성이 비록 불행하지만 예측할 수 있는 삶으로 돌아가려고 했던 것이 공감이 됩니다. 변화는 힘들고 어렵습니다. 그러나 저에게 모세의 용기를 허락하셔서 그리스도 안에서 하나님이 저를 위해 예비하신 새로운 삶을 향해 나아가는 섬세한 균형을 이루게 하소서. 예수님의 이름으로 기도합니다. 아멘.

침묵하기(2분)

저녁 기도

침묵하며 하나님께 초점 맞추기(2분)

성경 본문 읽기

시편 131편
여호와여 내 마음이 교만하지 아니하고
내 눈이 오만하지 아니하오며
내가 큰 일과 감당하지 못할 놀라운 일을 하려고
힘쓰지 아니하나이다
실로 내가 내 영혼으로 고요하고 평온하게 하기를
젖 뗀 아이가 그의 어머니 품에 있음 같게 하였나니
내 영혼이 젖 뗀 아이와 같도다
이스라엘아 지금부터 영원까지
여호와를 바랄지어다

묵상글
종종 우리는 인간이라는 사실과 한계, 남을 변화시키지 못한다는 사실을 잊는다. 그러나 다윗은 힘을 가진 사람이었음에도 불구하고, 시편에서 자기 자신을 너무 높게 생각하면 안 된다고 되새기고 있다. 그것이 우리를 각성시킨다.

무명의 랍비가 한 말이 그리스도가 나를 변화시키신다는 사실에 초점을 맞추게 해 주었다.

어릴 때 나는 세상을 변화시키고자 했다. 좀 자라서는 그것이 너무 야심차다는 것을 알았고 단지 우리 지역을 변화시키고자 했다. 그러나 그것도 너무 큰 야심이라는 것을 깨닫고서, 나는 우리 동네를 변화시키고자 했다. 그러나 그것도 할 수 없다는 것을 깨닫고서는 나의 가족을 변화시키고자 했다. 이제 나는 노인이 되어서야 나 자신을 변화시키는 것부터 시작했어야 한다는 것을 깨닫는다. 만일 내가 나 자신을 변화시키는 것부터 시작했다면, 어쩌면 나의 가족, 동네, 심지어, 지역까지 변화시키는 데 성공했을지 모른다. 세상까지 변화시킬 수 있었을는지 누가 알겠는가.[34]

- 죽음을 앞둔 하시딤 랍비(Hasidic rabbi)

생각할 질문
시편 131편 1절에서 다윗이 기도한다. "내가 큰 일과 감당하지 못할 놀라운 일을 하려고 힘쓰지 아니하나이다." 당신은 이 말을 어떻게 받아들이는가?

기도

주 예수님, 변화될 수 있는 방법들을 볼 눈과 들을 귀를 제게 주소서. 저를 당신의 이름을 위하여 더 깊이, 확실하고 강력하게 변화시키소서. 아멘.

침묵하기(2분)

Emotionally
Healthy Spirituality
day by day

●

4주

한계를 깨달아
그 너머의
삶을 보라

길고 느린 여정의 시작

●

아침 기도

침묵하며 하나님께 초점 맞추기(2분)

성경 본문 읽기

창세기 12장 1-3절

여호와께서 아브람에게 이르시되 너는 너의 고향과 친척과 아버지의 집을 떠나 내가 네게 보여 줄 땅으로 가라 내가 너로 큰 민족을 이루고 네게 복을 주어 네 이름을 창대하게 하리니 너는 복이 될지라 너를 축복하는 자에게는 내가 복을 내리고 너를 저주하는 자에게는 내가 저주하리니 땅의 모든 족속이 너로 말미암아 복을 얻을 것이라 하신지라

묵상글

그리스도인의 삶이 하나의 여정이라는 말은 그리스도를 따라가는 삶의 모습을 잘 묘사해 준다. 여정에는 움직임, 행동, 멈춤과 출발, 돌아가기, 지연, 미지의 세계 탐험이 포함된다.

하나님은 아브라함을 부르셔서, 우르 땅의 안락한 삶을 75세에 떠나, 길고 느린 여정을 시작하라고 하신다. 하나님과의 그 여정에는 인내하는 신뢰가 크게 필요했다.

인내하는 신뢰

무엇보다도 하나님의 느린 역사를 신뢰하라.

우리의 자연적 성향은 만사에 조급해서

모든 것이 지체 없이 결말에 도달하기를 바란다.

우리는 중간 단계들을 건너뛰기를 좋아한다.

우리는 미지의 새로운 것에 이르는길 위에 있을 때 조급해진다.

그러나 그것은 모든 진척과정의 법칙이므로

그런 과정을 통과해야만 하고 불안정한 단계들도 거쳐야 하고

시간이 매우 오래 걸릴 수 있다.

나는 당신도 그렇다고 생각한다.

당신의 개념들도 점진적으로 성숙한다. 개념들이 성장하게 허락하라. 지나치게 서둘지 말고 개념들이 형성되게 하라.

그 개념들에 대해 강요하지 말라.

시간이 걸려서 당신이 내일 될 수 있는 것이

마치 오늘 당장 될 수 있는 것처럼 하지 말라.

(즉 은혜와 상황이 당신의 선한 의지와 더불어 작용하는 것이 필요하다)

오직 하나님만이 당신 안에 점진적으로 이루어지는

그 새로운 영이 무엇일지 아신다.

주님의 손이 당신을 인도하고 있다고 믿어드리는

혜택을 주님께 드리라.

그리고 당신 자신이 아직 미완성 상태라는

불안한 느낌을 받아들이라.[35]

- 피에르 테야르 드 샤르댕(Pierre Teilhard de Chardin)

생각할 질문

당신은 무엇에 대해 하나님의 느린 역사를 신뢰해야 하는가?

기도

아버지, 제게 용기를 주소서. 그래서 당신이 저를 위해 친히 예비하신 그 고유한 여정을 시작할 수 있게 하소서. 오늘 제가 만날 모든 사건, 상황, 사람을 지배하려는 욕구와 욕망을 믿음으로 내려놓고 굴복시킵니다. 예수님의 이름으로 기도합니다. 아멘.

침묵하기(2분)

저녁 기도

침묵하며 하나님께 초점 맞추기 (2분)

성경 본문 읽기

아가서 1장 2절, 3장 1-3절
내게 입맞추기를 원하니
네 사랑이 포도주보다 나음이로구나
내가 밤에 침상에서
마음으로 사랑하는 자를 찾았노라
찾아도 찾아내지 못하였노라
이에 내가 일어나서 성 안을 돌아다니며
마음에 사랑하는 자를
거리에서나 큰 길에서나 찾으리라 하고
찾으나 만나지 못하였노라
성 안을 순찰하는 자들을
만나서 묻기를
내 마음으로 사랑하는 자를 너희가 보았느냐 하고

묵상글

크리스천들은 아가서를 주로 두 가지로 해석하며 읽는다. 그것은 부부의 사랑과 우리의 신랑이신 주 예수님과의 사랑의 관계다. 특히 3장 1-3절은 캘커타의 테레사 수녀의 경험을 말해 준다. 그녀는 50년 동안 빈민들을 섬기는 동안, 하나님의 부재로 인해 고통스러워했던 경험에 대해 썼다.

> 나의 생각을 높은 하늘에 두려고 하면, 공허함이 엄습해서, 나의 영혼을 날카로운 칼처럼 찔렀다. 사랑이라는 것은 말뿐, 아무 실체가 없었다. 하나님이 나를 사랑하신다는 말을 듣지만, 어둠과 차가움과 공허함의 실체가 너무 커서 아무것도 내 영혼을 어루만져 주지 않았다. 그 모든 것에도 불구하고, 어둠과 공허함보다 더 고통스러운 것은 하나님에 대한 갈망이었다. 전에는 우리 주님 앞에서 몇 시간을 보내며, 주님을 사랑하고, 주님과 얘기할 수 있었지만, 이제는 묵상조차 제대로 되지 않았다. 내 마음 깊은 곳 어디에선가 하나님에 대한 그 갈망이 어둠을 뚫고 헤쳐 나왔다. 나의 영혼은 얼음조각 같았다. 나는 아무 할 말이 없었다.[36]

그러나 테레사 수녀는 그녀의 어두움이 그녀의 일, 즉 그리스도의 고통을 나누는 것의 영적 측면이며, 그녀와 그녀의 일의 귀중한 보물임을 깨닫게 되었다. 그녀는 결국 이렇게 썼다. "나는 그 어둠을 사랑하게 되었다. 왜냐하면 나는 그것이 예수님이 지상에서 겪으신 어둠과 아픔의 일부, 매우 작은 일부라고 믿기 때문이다."[37]

생각할 질문

당신의 삶 속에서도 그러한 어둠이나 어려움 속에 어떤 보물이 감추어져 있는가?

기도

아버지, 폭풍우 속에 제가 혼자 있는 것 같이 느낄 때가 있습니다. 그 순간에도 당신을 신뢰하도록 저를 가르치소서. 어둠 속에서만 발견될 수 있는 보물에 대해 저를 일깨워 주소서. 인생이라는 여정 속에서 저를 위해 예비하신 다음 장소로 들어가도록 당신을 따를 수 있는 은혜를 허락하소서. 예수님의 이름으로 기도합니다. 아멘.

침묵하기(2분)

영혼의 어두운 밤

●

아침 기도

침묵하며 하나님께 초점 맞추기 (2분)

성경 본문 읽기

히브리서 12장 7-11절
너희가 참음은 징계를 받기 위함이라 하나님이 아들과 같이 너희를 대우하
시나니 어찌 아버지가 징계하지 않는 아들이 있으리요 징계는 다 받는 것이
거늘 너희에게 없으면 사생자요 친아들이 아니니라 또 우리 육신의 아버지
가 우리를 징계하여도 공경하였거든 하물며 모든 영의 아버지께 더욱 복종
하며 살려 하지 않겠느냐 그들은 잠시 자기의 뜻대로 우리를 징계하였거니

와 오직 하나님은 우리의 유익을 위하여 그의 거룩하심에 참여하게 하시느니라 무릇 징계가 당시에는 즐거워 보이지 않고 슬퍼 보이나 후에 그로 말미암아 연단 받은 자들은 의와 평강의 열매를 맺느니라

묵상글

벽의 역학을 이해하는 최고의 방법은 십자가의 성 요한의 고전적인 저서《영혼의 어두운 밤(*Dark Night of the Soul*)》을 읽는 것이다. 그 책은 약 500년 전에 써졌다. 그는 여정을 초보, 진행, 완전의 세 단계로 구분한다. 초보 단계를 벗어나려면, 어두운 밤, 혹은 벽이라는 하나님이 주시는 선물을 받아야 한다고 주장했다. 그는 그것을 그리스도 안에서 자라는 "일반적인 방법"이라고 말한다.

이는 하나님이 우리의 내면을 다시 정비하시고 "우리의 애정과 열정을 청소하셔서" 우리가 하나님의 사랑 안에서 기뻐하고 하나님과의 더 풍성하고 더 충만한 친교에 들어가게 하시는 방법이다. 하나님은 우리에게 하나님의 참된 다정함과 사랑을 소통하고자 하신다. 하나님은 우리가 하나님의 참된 평화와 안식을 알기를 갈망하신다. 하나님은 우리를 건강하지 못한 집착과 세상의 우상숭배로부터 자유롭게 하려고 역사하신다.

십자가의 요한은 그런 이유로 하나님이 우리에게 "사랑의 불의 어두운 밤"을 보내셔서 우리를 그러한 치명적인 영적 결점, 즉 교만(사람들의 잘못을 판단하고 참지 못하는 것), 탐욕(고통스러운 불만족), 사치(하나님 자신보다 영적 축복을 더 즐거워하는 것), 분노(쉽게 짜증내고 참지 못하는 것), 영적 탐식(십자가를 거부하는 것), 영적 시기(항상 비교하는 것), 태만(어려운 것으로

부터 도망가는 것)으로부터 자유롭게 하신다고 기록했다.[38]

생각할 질문

건강하지 못한 집착 혹은 "우상들"을 하나님이 당신의 삶에서 제거하셔서, 하나님과의 더 깊고, 풍성한 친교 속으로 인도하려고 하시는가?

기도

주님, 제 마음에 당신을 초청합니다. 건강하지 못한 애착이나 '우상'을 제게서 제하소서. 시편 32편에서 제가 가야 할 길을 가르쳐 준다고 약속하셨습니다. 노새처럼 고집부리지 않고 당신이 저를 자유롭게 이끄시는대로 따르게 하소서. 저를 당신과의 친교의 자리로 이끄셔서 참 평화와 안식을 누리게 하소서. 예수님의 이름으로 기도합니다. 아멘.

침묵하기(2분)

저녁 기도

침묵하며 하나님께 초점 맞추기(2분)

성경 본문 읽기

창세기 22장 9-12절

하나님이 그에게 일러 주신 곳에 이른지라 이에 아브라함이 그곳에 제단을 쌓고 나무를 벌여 놓고 그의 아들 이삭을 결박하여 제단 나무 위에 놓고 손을 내밀어 칼을 잡고 그 아들을 잡으려 하니 여호와의 사자가 하늘에서부터 그를 불러 이르시되 아브라함아 아브라함아 하시는지라 아브라함이 이르되 내가 여기 있나이다 하매 사자가 이르시되 그 아이에게 네 손을 대지 말라 그에게 아무 일도 하지 말라 네가 네 아들 네 독자까지도 내게 아끼지 아니하였으니 내가 이제야 네가 하나님을 경외하는 줄을 아노라

묵상글

절망은 우리의 삶을 뒤집는 위기를 통해 생긴다. 그것은 한 번 겪고 나서 잊어버리는 단순한 일회성 사건이 아니다. 그것은 하나님과의 지속적 관계의 일부로서 계속적으로 되돌아가 살펴보게 되는 사건이다.

우리는 그것을 아브라함에게서 본다. 그가 벽에서 25년을 기다린

끝에 부인, 사라로부터의 첫 아들이 태어났다. 10-13년 후에 하나님이 아브라함을 또 다른 벽으로 이끄셨다. 그것은 사라의 몸종, 하갈을 통해 태어난 첫째 아들 이스마엘과의 작별이었다. 아브라함은 몇 년 후에 세 번째 벽을 만난다. 그것은 오랜 기다림 후 얻은 사랑하는 아들, 이삭을 제단에 바치라는 하나님의 명령이었다.

아브라함은 하나님과의 여정 중에 여러 번 벽을 통과한 것으로 보인다. 왜 그런가?

> "의도하지 않게 부지불식간에 우리는 결점에 다시 빠진다. 나쁜 습관은 되살아나는 뿌리와 같다. 그 뿌리를 우리 영혼의 밭에서 캐내어 버려야 한다. 그러려면 하나님의 직접적인 개입이 필요하다."[39]
>
> - 십자가의 성 요한(St. John of the Cross)

생각할 질문

당신의 정체성의 중심에 무엇을 두었는가? 하나님께서 다시 심고 싶어 하시는 정체성은 무엇인가?

기도

아바 아버지, 저의 움켜쥔 손을 펴고, 당신이 제게 주신 모든 것을 다시 당신께 바칩니다. 저의 정체성을 아버지 안에 다시 확립시키소서. 가족, 일, 성취, 남들의 평가로 저의 정체성이 결정되지 않게 하소서. 제 안에 당신의 뜻에 맞추지 않은 것들을 정결하게 씻어 주소서. 믿음으로 나의 뜻을 당신의 뜻에 연합시킵니다. 그리하여 예수 그리스도의 형상을 제 안에 이루소서. 예수님의 이름으로 기도합니다. 아멘.

침묵하기(2분)

하나님과 씨름하는 자리

●

아침 기도

침묵하며 하나님께 초점 맞추기(2분)

성경 본문 읽기

로마서 11장 33-36절
깊도다 하나님의 지혜와 지식의 풍성함이여,
그의 판단은 헤아리지 못할 것이며
그의 길은 찾지 못할 것이로다
누가 주의 마음을 알았느냐

누가 그의 모사가 되었느냐
누가 주께 먼저 드려서 갚으심을 받겠느냐
이는 만물이 주에게서 나오고 주로 말미암고 주에게로 돌아감이라
그에게 영광이 세세에 있을지어다 아멘

묵상글

벽에서의 경험은 내가 "거룩한 모름" 혹은 신비라고 부르는 것을 더 소중히 인식하게 되는 열매를 낳는다. 그것은 우리 내면의 모든 것이 "뭔가 해 봐!"라고 외칠 때 하나님을 기다리는 능력을 키워 준다. 중국 변방에 살던 지혜로운 사람에 대한 옛날이야기가 있다. 어느 날, 알 수 없는 이유로, 아들의 말이 도망을 가, 국경 너머의 유목민에게 붙잡혔다. 모두 불행을 위로하려 했지만, 지혜로운 아버지는 말했다. "이것이 복이 아닌지 어떻게 알겠는가?"

몇 달 후, 그의 말이 멋진 수말을 데리고 돌아왔다. 이번에는 모두가 행운을 축하했다. 그러나 아버지가 말했다. "이것이 재앙이 아닌지 어떻게 알겠는가?"

새 말로 부자가 되었고, 아들은 그 말을 타길 좋아했다. 그러던 어느 날 아들이 말에서 떨어져 다리가 부러졌다. 다시 모든 사람이 불운을 위로했지만, 아버지는 말했다. "이것이 복이 아닌지 어떻게 알겠는가?"

1년 후 유목민들이 국경을 침략해 들어와서, 모든 신체 건강한 남자는 활을 들고 전쟁에 나가도록 징집되었다. 국경 근처에 살던 사람들 중에서 열 남자 중에 아홉 남자가 죽었다. 그러나 그 아들은 다리

를 절었기 때문에, 살아남았고 서로를 보살폈다.

축복과 성공 같아 보이는 것이 사실은 불행이고, 불행 같아 보이는 사건이 큰 축복으로 드러날 때가 종종 있다.[40]

생각할 질문

"불행한" 상황이 나중에 축복이 되었던 경험이 있는가?

기도

아버지, 저를 용서하소서. 때로 제가 하나님을 저의 조수나 비서처럼 대했습니다. 하나님의 길은 측량할 수 없고 저의 이해를 초월합니다. 상황이 아니라 당신을 신뢰하게 하소서. 하나님의 임재 안에서 저는 침묵하게 됩니다. 예수님의 이름으로 기도합니다. 아멘.

침묵하기(2분)

저녁 기도

침묵하며 하나님께 초점 맞추기(2분)

성경 본문 읽기

욥기 42장 1-6절

욥이 여호와께 대답하여 이르되

주께서는 못 하실 일이 없사오며

무슨 계획이든지 못 이루실 것이 없는 줄 아오니

무지한 말로 이치를 가리는 자가 누구니이까

나는 깨닫지도 못한 일을 말하였고

스스로 알 수도 없고 헤아리기도 어려운 일을 말하였나이다

내가 말하겠사오니 주는 들으시고

내가 주께 묻겠사오니

주여 내게 알게 하옵소서

내가 주께 대하여 귀로 듣기만 하였사오나

이제는 눈으로 주를 뵈옵나이다

그러므로 내가 스스로 거두어들이고

티끌과 재 가운데에서 회개하나이다

묵상글

욥은 신실하고 흠이 없는 인격자였다. 욥은 가족, 부, 건강을 잃는

대재난을 겪었다. 성경에서도 유례가 없는 벽에 직면한 것이다. 그러나 믿음과 씨름하고, 하나님과 씨름하는 자리에서, 그는 하나님의 사랑과 은혜를 경험했고 변화되었다.

우리가 그렇게 믿든 믿지 않든, 우리는 자유롭게 행하시는 하나님으로부터 위협을 느낀다. 왜냐하면 우리가 마음대로 과정을 통제하거나 조종할 모든 능력을 빼앗기기 때문이다. 그것은 우리를 무력하게 만들고, 우리의 언어를 성취와 해냄의 언어로부터 순복, 신뢰, 취약성 노출이라는 언어로 바꾸기 때문이다.
그것이 소위 하나님의 '야성'이다. 우리는 어떤 수단으로도 하나님을 지배하지 못한다. 우리의 선행으로도 하지 못한다. 우리는 하나님에 대해 그렇게 하려는 자연적 본능이 있지만 말이다. 하나님의 그러한 철저하고 절대적인 자유는 다행히도 우리의 유익을 위해서만 온전히 사용된다. 그래도 우리는 여전히 그것을 두려워한다. 그것을 섭리, 용서, 자유로운 선택, 혹은 자비라 한다. 그러나 우리에게는 그것이 난폭하게 느껴진다. 왜냐하면 우리가 통제하거나, 조종하거나, 방향을 지시하거나, 마음대로 획득하거나 버릴 수 없기 때문이다. 누구든지 자기의 행동으로 하나님을 조종하려는 사람은 자신이 매우 쓸모없고, 무능하고, 변변찮음을 느끼게 될 것이다.[41]

- 리처드 로(Richard Rohr)

생각할 질문

리처드 로의 인용구에서 당신에게 가장 다가온 단어나 구절은 무엇
인가?

기도

아버지, 욥의 이야기의 일부만 읽더라도, 당신의 '야성'에 압도됩니
다. 당신의 길과 정해진 때는 저의 이해를 초월합니다. 욥은 하나님
에 대해 듣다가 하나님을 "보게" 되었습니다. 주여, 저를 인도하셔서
저도 욥처럼 기도할 수 있게 하소서. "내가 주께 대하여 귀로 듣기만
하였사오나 이제는 눈으로 주를 뵈옵나이다"(욥 42:5).

침묵하기(2분)

최대의 악,
최고의 선

●

아침 기도

침묵하며 하나님께 초점 맞추기(2분)

성경 본문 읽기

시편 69편 1-3, 15-16절
하나님이여 나를 구원하소서
물들이 내 영혼에까지 흘러 들어왔나이다
나는 설 곳이 없는

깊은 수렁에 빠지며

깊은 물에 들어가니

큰 물이 내게 넘치나이다

내가 부르짖음으로 피곤하여

나의 목이 마르며

나의 하나님을 바라서

나의 눈이 쇠하였나이다

큰 물이 나를 휩쓸거나

깊음이 나를 삼키지 못하게 하시며

웅덩이가 내 위에 덮쳐 그것의 입을 닫지 못하게 하소서

여호와여 주의 인자하심이 선하시오니 내게 응답하시며

주의 많은 긍휼에 따라 내게로 돌이키소서

묵상글

성경에서 다윗을 하나님의 마음에 합한 사람이라고 하지만, 오늘 본문을 보면 그의 정서적 세계는 매우 인간적이고 깨어져 있었다. 그는 심금을 울리는 이 시를 통해 마음을 드러내고 하나님께 기도를 드린다. 종종 그는 상황으로 인해 어려움을 호소했지만, 다윗은 하나님이 선하시고 하나님의 사랑이 영원한 것을 시인했다. 그는 하나님의 길이 우리의 길보다 높고 깊음을 잘 알았다(사 55:9-10).

존 밀튼은 《실낙원》에서 역사 속의 악을 거름더미에 비교한다. 그것은 동물의 배설물, 채소와 과일의 껍질, 감자 껍질, 계란 껍데기, 낙엽, 바나나 껍질 등의 썩은 물질들이 뒤섞인 것이다. 그것을 흙으로 덮으면, 시간이 지나 냄새가 난다. 그러면 흙은 영양이 풍부한 자연

비료가 되어서 과일과 채소를 키우기에 좋다. 그러나 그러려면 기다림이 필요하다. 어떤 때는 몇 년을 기다려야 하기도 한다.

밀튼의 요점은 인간의 역사에서 최악의 사건들, 우리가 이해할 수 없는 사건들, 심지어 지옥 그 자체도 하나님의 놀라운 영원 속에서는 거름에 불과하다는 것이다. 예수님의 죽음이라는 최대의 악으로부터 최고의 선이 나왔다.

하나님이 계신다는 사실이 세상의 악의 심각성을 경감시키지 않는다. 그러나 우리는 하나님 안에 안식할 수 있고, 하나님 안에 소망을 둘 수 있다. 하나님은 위대하시고 주권적 이셔서 모든 악을 선으로 바꾸신다.[42] 우리는 벽 앞에서 하나님을 신뢰할 수 있다.

생각할 질문

기다림을 통해 하나님은 당신을 어떻게 초청하시는가?

기도

주님, 당신을 향한 단순한 신뢰로 저를 채우소서. 주변의 가장 심각한 악으로부터도 당신은 큰 선을 이루실 수 있습니다. 저를 위해, 다른 사람들을 위해, 당신의 영광을 위해 그렇게 하십니다. 예수님의 이름으로 기도합니다. 아멘.

침묵하기(2분)

저녁 기도

침묵하며 하나님께 초점 맞추기(2분)

성경 본문 읽기

요한복음 21장 17-19절
세 번째 이르시되 요한의 아들 시몬아 네가 나를 사랑하느냐 하시니 주께서 세 번째 네가 나를 사랑하느냐 하시므로 베드로가 근심하여 이르되 주님 모든 것을 아시오매 내가 주님을 사랑하는 줄을 주님께서 아시나이다 예수께서 이르시되 내 양을 먹이라 내가 진실로 진실로 네게 이르노니 네가 젊어서는 스스로 띠 띠고 원하는 곳으로 다녔거니와 늙어서는 네 팔을 벌리리니 남이 네게 띠 띠우고 원하지 아니하는 곳으로 데려가리라 이 말씀을 하심은 베드로가 어떠한 죽음으로 하나님께 영광을 돌릴 것을 가리키심이러라 이 말씀을 하시고 베드로에게 이르시되 나를 따르라 하시니

묵상글

예수님은 성숙을 다르게 보셨다. 그것은 당신이라면 가지 않았을 곳이라도 이끄시는 대로 갈 수 있는 능력과 의향이다.

베드로에게 양무리의 리더라는 사명을 맡기신 예수님은 베드로에게 믿기 힘든 진실을 말씀하신다. 종 된 리더는 알지 못하는, 바라지 않는, 고통스러운 곳으로 이끄시는 대로 가는 리더다. 헨리 나우웬

이 그것을 이렇게 표현했다.

> 크리스천 리더의 길은 위로 올라가는 길이 아니다. 우리의 세상
> 은 그렇게 하는 것에 투자하지만 말이다. 그것이 아니라 아래로
> 내려가는 길이고, 결국은 십자가다. 영적 생활의 무력함과 겸손
> 은 줏대 없이 다른 사람들이 결정하는 대로 따르는 것이 아니다.
> 그들은 예수님을 깊이 사랑해서 예수님이 이끄시는 대로 어디
> 든 따라가고, 예수님과 함께 생명, 풍성한 생명을 발견할 것을
> 항상 신뢰하는 사람들이다.[43]

생각할 질문

하나님이 이끄시는 대로 (거기에 수반되는 기쁨과 두려움과 더불어) 어디든
가겠다고 당신의 말로 표현하라.

기도

아버지, 저는 무력함과 겸손의 길을 가고 싶지 않다고 인정합니다.
베드로처럼 저도 당신이 저의 주변 사람들에게 어떻게 역사하고 계
신 것인지 알고 싶습니다. 그러나 저는 정말로 당신을 사랑합니다.
오늘, 내일, 저의 전 삶을 하나님을 신뢰하며 맡깁니다. 예수님의 이
름으로 기도합니다. 아멘.

침묵하기 (2분)

하나님의 거절을
받아들이기

●

아침 기도

침묵하며 하나님께 초점 맞추기(2분)

성경 본문 읽기

야고보서 1장 2-5절

내 형제들아 너희가 여러 가지 시험을 당하거든 온전히 기쁘게 여기라 이는 너희 믿음의 시련이 인내를 만들어 내는 줄 너희가 앎이라 인내를 온전히 이루라 이는 너희로 온전하고 구비하여 조금도 부족함이 없게 하려 함이라 너회 중에 누구든지 지혜가 부족하거든 모든 사람에게 후히 주시고 꾸짖지 아니하시는 하나님께 구하라 그리하면 주시리라

묵상글

삶에 아무 구름도 없다면, 믿음도 없을 것이다. 구름은 하나님이 거기 계시다는 징후다. 슬픔, 사랑하는 이의 죽음, 고통이 하나님과 함께 오는 구름이라는 것을 아는 것은 큰 계시다!

하나님이 시련을 통해 우리에게 중요한 것을 가르치신다고 말하는 것은 사실이 아니다. 모든 구름을 통해 하나님은 우리의 길을 내시고, 우리가 새로운 것을 배우길 바라신다. 하나님이 구름을 사용하시는 목적은 우리의 믿음을 단순하게 만들어서 우리와 하나님의 관계가 어린이처럼 되게 하시려는 것이다. 그 관계에서 다른 사람들은 그림자에 불과하다. 이를 위해 구름과 어둠은 이따금 한 번씩 우리를 찾아올 것이다. 하나님과의 관계가 전보다 더 단순해지고 있는가? 우리 삶에서 가장 깊고, 가장 어두운 사실에 직면하면서도 하나님의 성품에 대한 관점이 왜곡되지 않아야 한다. 그러기 전까지는 우리는 아직 하나님을 모르는 것이다.[44]

- 오스왈드 챔버스(Oswald Chambers)

생각할 질문

하나님은 당신이 구름을 통해 무엇을 새롭게 배우기를 바라시는가?

기도

아버지, 고백합니다. 어려움과 시련이 삶에 닥칠 때마다, 저는 불평하고 투덜댑니다. 야고보가 말한 시련들이 꼭 벽은 아니라는 것을 깨닫지만, 그럼에도 불구하고 행함이 없습니다. 하나님, 저를 변화된 삶에 대한 비전으로 충만하게 채워 주셔서 당신이 온갖 종류의 시련들을 제게 주실 때 "순전한 기쁨"으로 여기게 하소서. 예수님의 이름으로 기도합니다. 아멘.

침묵하기(2분)

저녁 기도

침묵하며 하나님께 초점 맞추기(2분)

성경 본문 읽기

마태복음 26장 50b-52절
이에 그들이 나아와 예수께 손을 대어 잡는지라 예수와 함께 있던 자 중의 하나
가 손을 펴 칼을 빼어 대제사장의 종을 쳐 그 귀를 떨어뜨리니 이에 예수께서
이르시되 네 칼을 도로 칼집에 꽂으라 칼을 가지는 자는 다 칼로 망하느니라

묵상글

벽은 하나님이 "안 돼"라고 하시는 것이다. 요한복음에서 베드로가
칼을 빼서 예수님을 힘으로 보호하려 했다. 베드로는 예수님이 자신
의 삶과 미래에 대한 계획에 "안 돼"라고 하시는 것을 받아들이기가
매우 어려웠을 것이다.

반대로, 우리는 다윗이 성전을 건축하고 싶어 하지만, 하나님이 "안
돼"라고 하시자 받아들인 것을 본다(삼하 7장). 십자가의 잔을 피하게
해 달라는 요청에 아버지가 "안 돼"라고 하시자, 순복하시는 예수님
을 본다(마 26:37-44).

다음 기도문을 통해 하나님과의 여정 중에 하나님의 허락과 거절을

받아들이기 바란다.

성취할 힘을 하나님께 구했더니
순종을 배우도록 약해졌네.
위대한 일을 하도록 건강을 구했더니
더 나은 일을 하도록 연약해졌네.
행복을 위해 부를 구했더니
지혜로워지도록 가난을 주셨네.
사람의 칭찬을 받도록 젊을 때 힘을 구했더니
하나님이 필요함을 느끼도록 약함을 주셨네.
삶을 즐기려고 모든 것을 구했더니
생명을 주셔서 모든 것을 누리게 하시네.

생각할 질문
위의 기도문에서 당신 마음에 가장 다가온 것은 무엇인가?

기도
주님, 저는 고집 센 베드로와 같습니다. 때로는 당신을 이해하기가
어렵습니다. 주여, 저의 고집을 꺾으시고 기다림을 가르쳐 주소서.
예수님의 이름으로 기도합니다. 아멘.

침묵하기(2분)

Emotionally
Healthy Spirituality
day by day

슬픔과
상실을 통해
영혼을 확장하라

하나님의 슬픔

●

아침 기도

침묵하며 하나님께 초점 맞추기(2분)

성경 본문 읽기

마태복음 26장 36-39절

이에 예수께서 제자들과 함께 겟세마네라 하는 곳에 이르러 제자들에게 이르시되 내가 저기 가서 기도할 동안에 너희는 여기 앉아 있으라 하시고 베드로와 세베대의 두 아들을 데리고 가실새 고민하고 슬퍼하사 이에 말씀하시되 내 마음이 매우 고민하여 죽게 되었으니 너희는 여기 머물러 나와 함께 깨어 있으라 하시고 조금 나아가사 얼굴을 땅에 대시고 엎드려 기도하여 이르

시되 내 아버지여 만일 할 만하시거든 이 잔을 내게서 지나가게 하옵소서 그
러나 나의 원대로 마시옵고 아버지의 원대로 하옵소서 하시고

묵상글

겟세마네 동산에서 예수님은 고민하셨고 슬퍼하셨으며 죽음을 맞
이하셨다. 우리는 예수님이 얼굴을 땅에 대시고 엎드려 세 번 기도
하신 것을 본다. 우리는 아버지께서 잔이 지나가게 해달라는 예수님
의 요청에 "안 돼"라고 하신 것을 본다.

우리는 예수님을 따라 부활의 풍성한 삶을 누리고자 한다. 그러나
우리에게는 겟세마네 동산으로 예수님을 따라가려는 열정은 없다.

《아들을 위한 애통》은 니콜라스 월터스토프가 오스트리아에서 등
반 사고로 스물다섯 살의 아들 에릭을 잃고서 쓴 책이다. 그는 왜 하
나님이 그런 비극을 일어나게 허락하셨는지에 대해 설명이나 답을
찾을 수 없었다. 누군들 찾을 수 있겠는가? 그러나 어느 순간 그는
심오한 깨달음을 갖는다.

> "나의 눈물에 맺힌 프리즘 사이로 나는 고통하시는 하나님을 보
> 았다. 아무도 하나님의 얼굴을 보고 살 수 없다고 말한다. 나는
> 그것이 아무도 하나님의 광채를 보고 살 수 없다는 뜻이라고 항
> 상 생각했었다. 그러나 한 친구는 아마도 그 의미는 아무도 하
> 나님의 슬픔을 보고 살 수 없다는 의미일 것이라고 말했다. 어
> 쩌면 하나님의 슬픔이 바로 하나님의 광채이리라."[45]

생각할 질문

"내 뜻대로 마시고 당신의 뜻대로 하옵소서"라는 기도가 당신에게 어떤 의미인가?

기도

주님, 제 안의 모든 것이 당신을 따라 겟세마네 동산으로 가서, 당신과 함께 땅에 엎드리기를 거부합니다. 십자가까지 갈 용기를 제게 주소서. 그것이 제 삶에서 무엇을 의미하더라도 말입니다. 그러고 나서 당신의 은혜로 저를 부활의 생명과 능력으로 이끄소서. 예수님의 이름으로 기도합니다. 아멘.

침묵하기(2분)

저녁 기도

침묵하며 하나님께 초점 맞추기(2분)

성경 본문 읽기

욥기 2장 7-10절

사탄이 이에 여호와 앞에서 물러가서 욥을 쳐서 그의 발바닥에서 정수리까지 종기가 나게 한지라 욥이 재 가운데 앉아서 질그릇 조각을 가져다가 몸을 긁고 있더니 그의 아내가 그에게 이르되 당신이 그래도 자기의 온전함을 굳게 지키느냐 하나님을 욕하고 죽으라 그가 이르되 그대의 말이 한 어리석은 여자의 말 같도다 우리가 하나님께 복을 받았은즉 화도 받지 아니하겠느냐 하고 이 모든 일에 욥이 입술로 범죄하지 아니하니라

묵상글

조나단 에드워즈는 욥기에 대한 유명한 설교에서, 욥의 이야기는 우리의 이야기라고 말했다. 욥은 하루아침에 모든 것을 잃었다. 가족, 부, 건강이라는 모든 것을!

반면에 우리들 대부분은 손실을 서서히, 평생에 걸쳐 경험하다가, 마침내 죽음의 문턱에 이른 자신을 발견하게 되고, 모든 것을 뒤에 놔 두고 떠난다.[46]

"대재난적 상실은 우리를 변화시키거나 파괴할 것이다. 그것은 우리를 결코 똑같은 상태로 남겨두지 않을 것이다. 과거로 돌아갈 수 없다. 따라서 우리가 손실을 통해 줄어든다는 것은 사실이다. 혹은 손실이 우리를 점점 더 축소시키고, 영혼을 갈아내서 아무것도 남지 않게 허용할 수도 있다. 손실은 또한 우리를 더해지게 할 수도 있다. 나는 사랑하는 이들의 죽음이라는 손실을 극복하지 않았다. 오히려 그것은 내가 누구인가의 일부가 되었다. 슬픔이 내 영혼 속에 영구적으로 거주하게 되었고, 그것은 내 영혼을 확장시켰다. 사람은 직접 아픔을 겪어봄으로써, 자신의 내면을 바라봄으로써, 자신의 영혼을 발견함으로써 남의 아픔을 이해한다. 아무리 아프더라도, 슬픔은 영혼에 유익하다. 영혼은 풍선처럼 늘어날 수 있다. 영혼은 고통을 통해 더 크게 성장할 수 있다."[47]

- 제럴드 싯처(Gerald L. Sittser)

생각할 질문

오늘 당신의 손실을 통해 하나님이 당신의 영혼을 확장시키는 것을 어떻게 보고 있는가?

기도

아버지, 저의 손실을 생각할 때면, 저를 보호할 피부가 벗겨진 느낌입니다. 저의 살이 뼈까지 드러난 기분입니다. 물론 욥과 예수님을 바라보는 것이 도움이 되긴 하지만, "옛 것에서 새 것이 탄생하는 것"을 보는 눈을 갖기가 어렵습니다. 그러나 제 삶의 시련과 손실을 통해 저의 영혼을 확장하소서. 예수님의 이름으로 기도합니다. 아멘.

침묵하기(2분)

도망치고 싶은 순간

●

아침 기도

침묵하며 하나님께 초점 맞추기(2분)

성경 본문 읽기

고린도후서 4장 7-11절
우리가 이 보배를 질그릇에 가졌으니 이는 심히 큰 능력은 하나님께 있고 우리에게 있지 아니함을 알게 하려 함이라 우리가 사방으로 우겨쌈을 당하여도 싸이지 아니하며 답답한 일을 당하여도 낙심하지 아니하며 박해를 받아도 버린 바 되지 아니하며 거꾸러뜨림을 당하여도 망하지 아니하고 우리가 항상 예수의 죽음을 몸에 짊어짐은 예수의 생명이 또한 우리 몸에 나타나게 하려 함이라 우리 살아 있는 자가 항상 예수를 위하여 죽음에 넘겨짐은 예수의 생명이 또한 우리 죽을 육체에 나타나게 하려 함이라

묵상글

조니 에릭슨 타다의 몸은 목부터 발까지 30년이 넘게 마비되었다. 그 결과, 그녀는 예수님의 죽음과 동시에 생명을 모두 경험했다.

십자가는 우리와 예수님의 관계의 중심이다. 십자가는 우리가 죽는 곳이다. 우리는 매일 십자가를 경험하기 위해 그 앞에 선다. 그러나 그것은 쉽지 않다.

일반적으로 우리는 예수님을 따라 어디든 갈 것이다. 우리는 예수님이 물을 포도주로 바꾸시는 잔치나, 예수님이 배에서 가르치고 계신 햇빛 비치는 바닷가로 갈 것이다. 그러나 우리는 십자가로 향하기를 거부한다. 그 초청은 무서울 정도로 개인적이다. 그것은 홀로 광야를 걸으라는 초청이다.

고난은 우리를 무(無)로 축소시킨다. 키에르케고르가 말했다. "하나님은 만물을 무에서 창조하신다. 그리고 하나님이 사용하시려는 모든 것을 먼저 무가 되도록 축소시키신다." 무가 되도록 축소되는 것은 십자가 아래로 끌려가는 것이다. 그것은 심한 자비다.

고난이 우리를 갈보리에서 무릎 꿇게 할 때, 우리는 자아에 대해 죽는다. 교만과 분노를 내려놓고, 꿈과 욕망을 움켜진 손을 풀기 전까

지, 오랫동안 거기 무릎 꿇지 못한다. 그러나 그렇게 하고 나면, 하나님이 우리를 대신해 능력을 주시고 새롭고 영원한 소망을 품게 해 주신다.[48]

생각할 질문

하나님은 어떤 어려움과 실패를 통해 당신을 하나님 앞에 무릎 꿇게 하시는가?

기도

주님, 제 안의 모든 것은 십자가로 가지 않으려고 발버둥 칩니다. 당신은 제 안의 속된 것을 뿌리 뽑으시고 바꾸십니다. 제가 당신을 온전히 사랑하고 다른 사람들도 사랑하는 자유로운 사람으로 변화되는 데 필요한 죽음들을 두려워하지 않게 하소서. 오, 주님, 제게 자비를 베푸소서. 예수님의 이름으로 기도합니다. 아멘.

침묵하기(2분)

저녁 기도

침묵하며 하나님께 초점 맞추기(2분)

성경 본문 읽기

시편 22편 1-5절

내 하나님이여 내 하나님이여 어찌 나를 버리셨나이까

어찌 나를 멀리 하여 돕지 아니하시오며

내 신음 소리를 듣지 아니하시나이까

내 하나님이여 내가 낮에도 부르짖고 밤에도 잠잠하지 아니하오나

응답하지 아니하시나이다

이스라엘의 찬송 중에 계시는 주여

주는 거룩하시니이다

우리 조상들이 주께 의뢰하고

의뢰하였으므로 그들을 건지셨나이다

그들이 주께 부르짖어 구원을 얻고

주께 의뢰하여 수치를 당하지 아니하였나이다

묵상글

1870년대에 호레이시오 스패퍼드는 시카고의 성공적인 법률가이자, 전도자 드와이트 L.무디의 절친이었다. 스패퍼드는 부동산에 큰

투자를 했지만, 1871년의 시카고 화재로 보유 주식의 가치가 사라졌다. 그의 아들은 재난 직전에 죽었다. 스패퍼드와 그의 가족은 쉼이 절실히 필요했다. 1873년 그는 아내와 네 딸을 데리고 유럽 여행을 계획했다. 그러나 출항 직전에 갑자기 처리할 업무가 생겼고, 호레이시오는 출발 시간을 늦추어야 했다. 스패퍼드는 가족의 휴가를 망치지 않으려고 나머지 가족에게 계획대로 여행을 가라고 권했다. 그는 나중에 따라가려고 했다.

아내 애나와 네 딸은 유럽으로 가는 배를 타고 먼저 출발했고 스패퍼드는 시카고로 돌아갔다. 그러나 그 배는 영국 배와 충돌했고, 충돌 후 가라앉는 데 12분밖에 안 걸렸다. 배에 탔던 226명이나 죽었다. 애나 스패퍼드는 갑판 위에 용감하게 서 있었고, 딸인 애니, 매기, 베씨, 터니타는 엄마에게 꼭 매달려 있었다. 애나의 마지막 기억은 거센 물살에 떠밀려 아기가 품에서 휩쓸려간 것이었다. 나흘 후, 스패퍼드는 웨일즈에서 아내가 보낸 전보를 받았다. "혼자 구조됨." 호레이시오 스패퍼드가 아내를 만나러 바다를 건너가는 중에, 네 딸이 바다 깊이 가라앉은 곳 근처를 지나가게 되었다. 거기서 그는 슬픔 중에 이 잊지 못할 찬송을 썼다. 그것은 슬픔에 빠진 수많은 사람들을 위로했다.

내 영혼 평안해

내 평생에 가는 길 순탄하여

늘 잔잔한 강 같든지

큰 풍파로 무섭고 어렵든지

나의 영혼은 늘 편하다

저 마귀는 우리를 삼키려고

입 벌리고 달려와도

주 예수는 우리의 대장되니

끝내 싸워서 이기겠네[49]

생각할 질문

스패퍼드와 그리스도의 관계에서 당신에게 가장 감동적인 것은 무엇인가?

기도

아버지, 상상할 수 없이 큰 상실과 고통 앞에서 저는 당신 앞에 엎드릴 뿐입니다. 저도 스패퍼드처럼 기도합니다. "그 어떠한 형편이든, 당신은 제가 이렇게 고백하도록 가르쳐 주셨습니다. '내 영혼, 내 영혼 평안해.'"예수님의 이름으로 기도합니다. 아멘.

침묵하기(2분)

인생의 다양한 계절

●

아침 기도

침묵하며 하나님께 초점 맞추기 (2분)

성경 본문 읽기

전도서 3장 1-8절
범사에 기한이 있고 천하 만사가 다 때가 있나니
날 때가 있고 죽을 때가 있으며 심을 때가 있고 심은 것을 뽑을 때가 있으며
죽일 때가 있고 치료할 때가 있으며 헐 때가 있고 세울 때가 있으며
울 때가 있고 웃을 때가 있으며 슬퍼할 때가 있고 춤출 때가 있으며
돌을 던져 버릴 때가 있고 돌을 거둘 때가 있으며

안을 때가 있고 안는 일을 멀리 할 때가 있으며
찾을 때가 있고 잃을 때가 있으며
지킬 때가 있고 버릴 때가 있으며
찢을 때가 있고 꿰맬 때가 있으며
잠잠할 때가 있고 말할 때가 있으며
사랑할 때가 있고 미워할 때가 있으며
전쟁할 때가 있고 평화할 때가 있느니라

묵상글

우리는 계절을 바꾸거나 멈추지 못한다. 계절은 우리에게 당연하게
온다. 봄, 여름, 가을, 겨울은 우리의 원함이나 원하지 않음과 상관
없이 우리에게 다가온다. 그 리듬은 우리의 영적 삶과 하나님의 길
에 대해 가르친다. 자연과 우리 삶 속의 죽음과 재탄생의 역설을 다
음을 읽으며 생각해 보라.

"가을은 큰 아름다움의 계절이지만, 쇠퇴의 계절이기도 하다.
날이 짧아지고, 빛이 어두워지고, 여름의 풍성함이 겨울의 죽음
을 향해 쇠퇴한다. 나는 가을을 경험할 때, 씨가 심어지고 있다
는 사실을 잘 인식하지 못한다. 그러나 가을에 죽기도 하고 씨
뿌리기도 한다는 역설을 살펴볼 때, 이 비유의 능력을 느낄 수
있다. 경험상 나는 가을의 표면적 현상들에 집착하기가 쉽다.
의미의 쇠퇴, 관계의 와해, 일의 죽음 등. 그러나 더 깊이 들여다
보면, 가을에는 무수한 가능성들이 앞으로 다가오는 계절에 열

매 맺도록 심고 있다.

뒤돌아보면, 그 상실의 시간에 내가 보지 못했던 것을 이제 볼 수 있다. 실직으로 내가 해야 할 일을 찾게 되었고, "막다른 길" 표지가 나를 정말 가야 할 길로 가게 했고, 돌이킬 수 없는 손실이라고 느꼈던 것이 나로 하여금 알아야 할 의미를 분별하게 해 주었다. 표면적으로는 삶이 쇠퇴하고 있었지만, 조용히 풍성히 새 삶의 씨들이 항상 심어지고 있었다.[50]

- 파커 팔머(Parker Palmer)

생각할 질문

오늘 당신 앞의 "막다른 도로" 표지는 무엇인가? 두렵지만 순종하며 가야 할 새로운 길은 무엇인가?

기도

주님, 저에게 지혜와 현명함을 주셔서 큰 그림을 보게 하시고, 기다리게 하시고, 제 삶의 계절들을 당신과 함께 분별하게 하소서. 당신이 새로운 것을 심으시려고 제 삶 속으로 보내시는 "죽음들"에 대항하고 싸운 것을 용서하소서. 예수님의 이름으로 기도합니다. 아멘.

침묵하기(2분)

저녁 기도

침묵하며 하나님께 초점 맞추기(2분)

성경 본문 읽기

요한복음 3장 26-30절

그들이 요한에게 가서 이르되 랍비여 선생님과 함께 요단 강 저편에 있던 이 곧 선생님이 증언하시던 이가 세례를 베풀매 사람이 다 그에게로 가더이다 요한이 대답하여 이르되 만일 하늘에서 주신 바 아니면 사람이 아무 것도 받을 수 없느니라 내가 말한 바 나는 그리스도가 아니요 그의 앞에 보내심을 받은 자라고 한 것을 증언할 자는 너희니라 신부를 취하는 자는 신랑이나 서서 신랑의 음성을 듣는 친구가 크게 기뻐하나니 나는 이러한 기쁨으로 충만하였노라 그는 흥하여야 하겠고 나는 쇠하여야 하리라 하니라

묵상글

손실을 경험하는 것은 우리를 인간이라는 한계에 직면하게 한다. 그럴 때 우리는 스스로 삶을 지배하고 있지 않음을 곧 깨닫는다. 하나님이 지배하고 계신다. 우리는 단순히 피조물이며, 창조자가 아니다. 세례 요한을 예로 생각해 보라. 세례를 받기 위해 요한을 따르던 무리는 예수님이 사역을 시작하시자, 요한이 아닌 예수님을 따랐다.

요한의 제자들 중에는 그러한 반전에 화난 사람들이 있었다. 그들이 세례 요한에게 불평했다. "사람이 다 그에게로 가더이다"(요 3:26).

요한은 자신의 한계를 인식하고 대답했다. "만일 하늘에서 주신 바 아니면 사람이 아무 것도 받을 수 없느니라"(요 3:27). 요한은 자신의 한계, 인성, 대중의 인기가 줄어드는 것을 받아들였다. "그는 흥하여야 하겠고 나는 쇠하여야 하리라"(요 3:30).

우리가 자기 인생의 보좌에서 내려와서 나머지 인류 전체에 합류하는 것은 영적 성숙을 위한 필수과정이다. 우리는 우주의 중심이 아니다. 우주는 우리를 중심으로 회전하지 않는다.

그러나 우리는 한계를 싫어하는 마음이 있다. 한계를 받아들이려 하지 않는다. 그것이 손실에 대해 성경적으로 애통하는 것이 영적 성숙에 있어서 필수적인 이유다.

한계를 받아들이는 것만큼 겸손하게 만드는 것은 없다. [51]

생각할 질문

하나님이 당신의 삶에 선물로 주신 한두 가지 한계들은 무엇인가? 그것이 어떤 유익이 될 것인가?

기도

주님, 제 계획에 대한 방해거리들을 침략으로 보는 저의 오만함을 용서하소서. 당신이 제 삶에 의도하신 것 이상을 항상 하려고 하는 것을 용서하소서. 제가 세례 요한처럼 저의 손실을 받아들이고 저의 한계를 인정하게 하소서. 예수님의 이름으로 기도합니다. 아멘.

침묵하기(2분)

Day 24

슬픔을 다루는 방식

●

아침 기도

침묵하며 하나님께 초점 맞추기(2분)

성경 본문 읽기

사무엘하 1장 17-20, 24-25절
다윗이 이 슬픈 노래로 사울과 그의 아들 요나단을 조상하고 명령하여 그것을 유다 족속에게 가르치라 하였으니 곧 활 노래라 야살의 책에 기록되었으되 이스라엘아 네 영광이 산 위에서 죽임을 당하였도다
오호라 두 용사가 엎드러졌도다
이 일을 가드에도 알리지 말며

162

아스글론 거리에도 전파하지 말지어다
블레셋 사람들의 딸들이 즐거워할까
할례 받지 못한 자의 딸들이 개가를 부를까 염려로다
이스라엘 딸들아
사울을 슬퍼하여 울지어다
그가 붉은 옷으로 너희에게 화려하게 입혔고
금 노리개를 너희 옷에 채웠도다
오호라 두 용사가 전쟁 중에 엎드러졌도다
요나단이 네 산 위에서 죽임을 당하였도다

묵상글

다윗은 이 애가를 불렀을 뿐 아니라, 사람들에게 그것을 배우고, 외우고, 삶의 한 부분으로 깊이 경험하게 했다.

고통이 무조건 최악은 아니다. 미움 받는 것이 최악이 아니다. 사랑하는 사람과 떨어지는 것이 최악이 아니다. 죽음이 최악이 아니다. 최악은 현실을 다루지 못하고, 실상과 단절되는 것이다. 최악은 고귀한 것을 사소하게 여기고, 성스러운 것을 불경하게 만드는 것이다. 내가 슬픔에 어떻게 반응하는가는 슬픔을 다루는 방식에 영향을 미친다. 우리는 죽음과 다른 손실을 하나님의 주권이라는 맥락 속에서 다루는 공동체를 이룬다. 하나님의 주권은 최종적으로 부활로 나타난다.

우리가 성숙한 인간이 되는 것은 운이 좋아서 불행을 겪지 않거나, 손실을 영리하게 피해가거나, 거부하거나 다른 데 정신을 파는 것에서 완성되지 않는다. 애통할 줄 알라. 이 애곡을 배우라. 우리는 결국 죽는 존재다. 모든 사람들은 죽음(모르티스)을 앞두고 있다. 그것에 익숙해지라. 당신의 십자가를 지라. 그것은 우리를 부활을 위한 준비를 시켜 준다.[52]

- 유진 피터슨(Eugene Peterson)

생각할 질문

상실이라는 현실을 회피한 적이 있는가. 그 고통스러운 상실의 현장에 들어감으로써 성숙해진다는 것이 당신에게 무엇을 의미하는가?

기도

주님, 인생의 대부분을 고통과 상실로부터 도망가며, 고통을 약으로 잠재우고 다음 일거리, 새로운 요구를 채우러 급히 이동하는 데 사용했습니다. 그러나 이제 제 삶의 전부를 포용할 수 있도록 은혜를 주시기를 구합니다. 그래서 기쁨과 슬픔, 죽음과 탄생, 옛 것과 새로운 것을 다 포용하게 하소서. 예수님의 이름으로 기도합니다. 아멘.

침묵하기(2분)

저녁 기도

침묵하며 하나님께 초점 맞추기(2분)

성경 본문 읽기

누가복음 19장 41-44절
가까이 오사 성을 보시고 우시며 이르시되 너도 오늘 평화에 관한 일을 알았더라면 좋을 뻔하였거니와 지금 네 눈에 숨겨졌도다 날이 이를지라 네 원수들이 토둔을 쌓고 너를 둘러 사면으로 가두고 또 너와 및 그 가운데 있는 네 자식들을 땅에 메어치며 돌 하나도 돌 위에 남기지 아니하리니 이는 네가 보살핌 받는 날을 알지 못함을 인함이니라 하시니라

묵상글

헬라어로 예수님이 예루살렘 때문에 우시는 것을 묘사한 단어는, 통곡하거나 울음이 터져 흐느끼는 것이다. 그 장면을 상상해 보라! 슬프게도, 많은 사람들이, 우리 주님과는 다르게, 슬픔이나 분노 등의 노골적인 감정을 표현하는 것에 대해 죄책감을 갖는다. 문제는 우리의 아픔, 상실, 느낌을 오랜 세월 부인하다보면, 우리는 서서히 빈 껍질로 바뀌고 미소 짓는 얼굴만 표면에 그려지게 된다는 것이다. 그러나 우리가 더 폭넓은 감정, 가령, 슬픔, 침체, 두려움, 분노

를 느끼도록 허락하게 되면, 하나님의 관계에 심오한 변화가 일어난다.

우리는 있는 그대로의 모습을 하나님께 가져가야 한다. 우리 안에 마땅히 있어야할 것을 가져가야 하는 것이 아니다. 그 "있어야할 것" 때문에 우리는 진실을 말하지 못한다. 또한 그것은 우리가 진실을 느끼지 못하게 막는다. 특히나 아픔에 대하여.

예수님은 죽음이 가까움을 깨달으시고, 조용한 곳으로 가서 기도하셨다. 그는 "심한 통곡과 눈물"로 고뇌하셨다고 한다(히 5:7). 또한 땅에 쓰러지셔서, 간절히 열렬히 기도하셨다고 한다(눅 22:44).

그것은 르네상스 시대 그림의 한 장면이 아니다. 그것은 사실적 묘사다. 땅이 꺼지는 것 같을 때 우리가 어떻게 기도하느냐에 대한 묘사다. 그럴 때 우리는 할 수 있는 한 어떤 식으로든 기도하고, 할 수 있는 어떤 말이든 다 동원해 기도한다. 땀과 눈물로 기도한다. 그리고 어둠 속에서 함께 앉아 있을 수 있는 어떤 친구든 데려가서 함께 기도한다.[53]

- C. S. 루이스(C. S. Lewis)

생각할 질문

당신 안에 실제로 있는 그대로를 하나님께 가져가고, 당신 안에 마땅히 있어야 한다고 생각하는 것을 하나님께 가져가지 않는다면, 기도 생활은 어떻게 바뀔 것인가?

기도

아바 아버지, 저의 내면에 이루어지고 있는 모든 일을 솔직히 말씀드리기가 두렵고 부끄러울 때가 많음을 정합니다. 모든 것을 다 아심을 아는데도 불구하고 말입니다. 기도의 담대함이 무엇인지 저에게 가르쳐 주서서 은혜의 보좌로 나아가게 하소서. 예수님의 이름으로 기도합니다. 아멘.

침묵하기(2분)

삶의 작은 죽음들을 통한
신뢰의 회복

●

아침 기도

침묵하며 하나님께 초점 맞추기(2분)

성경 본문 읽기

히브리서 5장 7-8절

그는 육체에 계실 때에 자기를 죽음에서 능히 구원하실 이에게 심한 통곡과 눈물로 간구와 소원을 올렸고 그의 경건하심으로 말미암아 들으심을 얻었느니라 그가 아들이시면서도 받으신 고난으로 순종함을 배워서

묵상글

우리의 문화 속에서는 슬퍼하는 역량이 대부분 상실되었다. 사람들은 일, TV, 마약, 술, 쇼핑이나 음식, 바쁜 생활, 성적 일탈, 관계에 대한 건강하지 못한 집착, 심지어 교회에서 사람들을 끊임없이 섬기는 것 등, 그 무엇으로든 삶의 고통을 처방하려고 한다. 해마다 거듭거듭 우리는 삶의 어려움과 상실, 거절과 좌절을 부인하고 거부한다. 상실이 우리 삶에 일어날 때, 하나님께 화내고 상실을 외계에서 온 침략자로 여긴다.

그러나 그것은 비성경적이며 우리의 공통적인 인성을 부인하는 것이다. 옛날 히브리인들은 옷을 찢고 굵은 베옷과 재를 사용하여 애통을 신체적으로 표현했다. 예수님께서도 친히 심한 통곡과 눈물로 간구와 소원을 올렸다. 노아 시대에 하나님이 인간의 상태에 대해 슬퍼하셨다고 성경이 말한다(창 6장). 예레미야는 여섯 번의 고백이나 애가를 쓰면서 거기서 자신의 상황에 대해 하나님께 항의했다. 예루살렘 함락 후, 그는 예레미야애가 전체를 썼다.

성경에서 하나님이 친히 보이시는 반응은 회피나 은폐가 아니다. 그 모델과 가르침이 알려 주는 것은 우리의 상실과 실망(크고 작은), 그리고 그에 수반되는 모든 혼란스러운 감정을 정직하게 기도로 다루어야 한다는 것이다.

왜 그런가? 우리가 변화되고 하나님이 우리를 부르신 그대로의 사람이 되려면, 상실이 불가피하기 때문이다.[54]

생각할 질문

어떤 식으로 당신의 상실을 회피하거나 은폐하여, 내면에 하나님이 깊이 역사하지 못하시게 하는 유혹을 받는가?

기도

주님, 제가 삶의 고통을 무시하거나 부인하기를 좋아한다는 것을 인정합니다. 저는 어떻게 죽음으로부터 부활의 삶이 탄생하는지 보기를 꺼립니다. 제게 용기를 주셔서 당신이 하고 계신 일에 주목하고 당신을 기다리게 하소서. 제 안의 모든 것은 도망가고 싶어 할 때라도 말입니다. 예수님의 이름으로 기도합니다. 아멘.

침묵하기(2분)

저녁 기도

침묵하며 하나님께 초점 맞추기(2분)

성경 본문 읽기

욥기 42장 12-17절

여호와께서 욥의 말년에 욥에게 처음보다 더 복을 주시니 그가 양 만 사천과 낙타 육천과 소 천 겨리와 암나귀 천을 두었고 또 아들 일곱과 딸 셋을 두었으며 그가 첫째 딸은 여미마라 이름하였고 둘째 딸은 긋시아라 이름하였고 셋째 딸은 게렌합북이라 이름하였으니 모든 땅에서 욥의 딸들처럼 아리따운 여자가 없었더라 그들의 아버지가 그들에게 그들의 오라비들처럼 기업을 주었더라 그 후에 욥이 백사십 년을 살며 아들과 손자 사 대를 보았고 욥이 늙어 나이가 차서 죽었더라

묵상글

좋은 애도는 잘 떠나보내게 할 뿐 아니라, 축복이 된다. 욥이 그랬다.

욥의 옛 삶은 정말로 끝났다. 그 문은 계속 닫혀 있었다. 상실에 대한 큰 슬픔이 있다. 그것은 최종적이다. 우리는 그것을 돌이킬 수 없다. 그러나 우리가 욥의 길을 따라갈 때, 우리는 축복받을 것이다.

그것이 욥기가 주는 큰 교훈 중 하나다. 욥이 어려운 길을 따라가며, 상실을 통해 자신의 영혼이 하나님을 향해 더 확장되었을 때, 욥은 놀라울 정도로 풍성한 축복을 받았다. 그는 영적 변화뿐 아니라, "여호와께서 욥의 곤경을 돌이키시고 여호와께서 욥에게 이전 모든 소유보다 갑절이나 주신지라. 여호와께서 욥의 말년에 욥에게 처음보다 더 복을 주시니"라는 말씀처럼 부는 두 배가 되었고, 다시 열 명의 자녀를 얻었으며 천수를 누렸다.

이 이야기는 삶에서 경험하는 작은 죽음들에 있어서 살아 계신 하나님을 신뢰하도록 우리를 격려하기 위한 것이다. 그리스도의 중심 메시지는 고난과 죽음이 부활과 변화를 가져온다는 것이다. 예수님이 친히 말씀하셨다. "내가 진실로 진실로 너희에게 이르노니 한 알의 밀이 땅에 떨어져 죽지 아니하면 한 알 그대로 있고 죽으면 많은 열매를 맺느니라"(요 12:24).

그러나 기억하라. 부활은 오직 죽음에서만 나온다. 진짜 죽음에서만. 우리의 상실은 진짜다. 그리고 우리 하나님도 정말로 살아 계신 하나님이시다.[55]

생각할 질문
당신의 삶에서 하나님이 어떤 "작은 죽음들"을 통해 당신에게 역사하고 계신가?

기도

주님, 저는 욥의 모습을 위대하게 보지만 그것이 저의 삶이 되는 것은 기피합니다. 저에게 인내심을 주소서. 당신을 기다릴 수 있는 신뢰를 저에게 허락하소서. 특히 오늘 저의 삶에서 당신이 무엇을 하고 계신지, 언제 그것이 끝날지, 당신이 나를 어디로 데려가시는지 모를 때 그리하게 하소서. 예수님의 이름으로 기도합니다. 아멘.

침묵하기(2분)

Emotionally
Healthy Spirituality

day by day

6주

매일기도가
삶의 리듬이
되게 하라

Day 26

일을 멈추고,
안식하라

●

아침 기도

침묵하며 하나님께 초점 맞추기(2분)

성경 본문 읽기

누가복음 8장 11-15절
이 비유는 이러하니라 씨는 하나님의 말씀이요 길 가에 있다는 것은 말씀을
들은 자니 이에 마귀가 가서 그들이 믿어 구원을 얻지 못하게 하려고 말씀을
그 마음에서 빼앗는 것이요 바위 위에 있다는 것은 말씀을 들을 때에 기쁨으

로 받으나 뿌리가 없어 잠깐 믿다가 시련을 당할 때에 배반하는 자요 가시떨기에 떨어졌다는 것은 말씀을 들은 자이나 지내는 중 이생의 염려와 재물과 향락에 기운이 막혀 온전히 결실하지 못하는 자요 좋은 땅에 있다는 것은 착하고 좋은 마음으로 말씀을 듣고 지키어 인내로 결실하는 자니라

묵상글

하나님의 사랑을 인식하고 거기에 반응하는 것은 우리 삶의 핵심이다.

이 땅 위의 모든 사람마다 그들이 경험하는 모든 순간과 모든 사건은 그의 영혼 속에 뭔가를 심어 놓는다. 바람이 수천 개의 날개 달린 씨들을 실어 나르듯이, 매 순간마다 영적 생명의 씨들이 사람들의 생각과 의지 속에 감지할 수 없게 와서 안착한다. 그러나 이 셀 수 없이 많은 무수한 씨들은 대부분 죽고 유실된다. 왜냐하면 사람들이 그것들을 받아들일 준비가 되어 있지 않기 때문이다. 이러한 씨들은 자유, 능동성, 사랑의 좋은 토양의 밖에서는 발아할 수 없기 때문이다.

이것은 새로운 개념이 아니다. 그리스도께서 씨 뿌리는 자의 비유에서 오래 전에 우리에게 이미 말씀하셨다. "씨는 하나님의 말씀이다."

우리는 흔히 이것이 주일에 교회에서 하는 설교의 복음 말씀에만 해당된다고 생각한다. 그러나 하나님의 뜻에 대한 모든 표현은 어떤 의미로 하나님의 "말씀"이고 따라서 새 생명의 "씨"다.

우리는 늘 변하는 현실 속에서 살아간다. 그것은 하나님과 아무 방해도 받지 않고 대화하는 것이 우리에게 필요하다고 일깨워 준다. 그리고 그것은 가능하다.

우리는 깨달아야 한다. 하나님의 사랑은 모든 상황 속에서 우리를 찾아오시며, 우리에게 선하고 유익한 것을 추구하신다."[56]

-토머스 머튼(Thomas Merton)

생각할 질문

당신의 하루를 가만히 생각해 보라. 당신이 놓쳐선 안 될 어떤 씨가 하나님으로부터 당신에게 오고 있는가?

기도

모든 상황 속에서 우리에게 유익한 것을 주시는 주님을 찬양합니다. 제가 낭비한 씨들이 있습니다. 용서하소서. 제 마음을 부드럽게 하셔서 그리고 저를 통해 이루고자 하시는 당신의 뜻에 제가 순복하게 하소서. 예수님의 이름으로 기도합니다. 아멘.

침묵하기(2분)

저녁 기도

침묵하며 하나님께 초점 맞추기(2분)

성경 본문 읽기

창세기 2장 9b, 15-17절
동산 가운데에는 생명나무와 선악을 알게 하는 나무도 있더라 여호와 하나님이 그 사람을 이끌어 에덴동산에 두어 그것을 경작하며 지키게 하시고 여호와 하나님이 그 사람에게 명하여 이르시되 동산 각종 나무의 열매는 네가 임의로 먹되 선악을 알게 하는 나무의 열매는 먹지 말라 네가 먹는 날에는 반드시 죽으리라 하시니라

묵상글

매일 경건의 시간과 안식일의 핵심은 가만히 멈춰 서서 하나님께 순복하고 신뢰하는 것이다. 그것이 에덴 동산의 죄의 핵심이었다. 아담과 하와는 에덴 동산에서 합법적으로 일하며 성취를 누렸다. 그러나 그들은 자신들에게 주어진 한계를 받아들여서 선악을 알게 하는 나무의 실과를 먹지 말아야 했다. 그들은 전능하신 하나님께 속한 것을 보고 알려 하지 말아야 했다.

신학자 로버트 배런이 주장했듯이, 원죄의 핵심은 하나님이 우리에

게 주신 리듬을 받아들이기를 거절한 것이다. 하나님의 형상으로 창조되었다는 것의 핵심은 하나님처럼 우리도 멈추는 능력이다. 우리는 일을 멈추고 안식함으로써 하나님을 모방한다. 한 주에 하루를 멈출 수 있다면, 혹은 매일 미니 안식일(매일의 경건의 시간)로 멈출 수 있다면, 우리 안의 깊은 것인 하나님의 형상에 접할 수 있다. 인간의 두뇌, 몸, 영, 정서는 일하고 하나님 안에서 안식하는 리듬을 갖도록 하나님께서 만드셨다.

매일의 경건의 시간과 안식을 갖기 위해 멈추는 것은 이미 복잡한 일정에 또 일거리를 더하라는 것이 아니다. 그것은 세상에 존재하는 완전히 새로운 방식으로서, 우리의 모든 날들을 새로운 종착지, 하나님을 향해 재조정하는 것이다.[57]

생각할 질문

당신은 "정지하고 하나님께 순복하며 신뢰하라"는 초청을 어떻게 듣고 있는가?

기도

주님, 제가 당신을 붙잡게 도우소서. 저는 주님이 필요합니다. 저를 자유롭게 만들어 주셔서 삶을 주님 중심으로, 오직 주님 중심으로 방향을 조정하게 하소서. 주님이 저를 어떻게 특별하게 만드셨는지 주목하고 그것을 존중하게 하소서. 안식의 선물로 인해 감사드립니다. 예수님의 이름으로 기도합니다. 아멘.

침묵하기(2분)

내 안에 거하라

●

아침 기도

침묵하며 하나님께 초점 맞추기 (2분)

성경 본문 읽기

열왕기상 19장 11-12절

여호와께서 이르시되 너는 나가서 여호와 앞에서 산에 서라 (왜냐하면 여호와께서 지나가실 것이기 때문이다: 역주-본문의 영어 성경에서 추가. 한글 성경에는 좀 다른 의미로 뒤에 나옴) 하시더니 여호와께서 지나가시는데 여호와 앞에 크고 강한 바람이 산을 가르고 바위를 부수나 바람 가운데에 여호와께서 계시지 아니하며 바람 후에 지진이 있으나 지진 가운데에도 여호와께서 계시지 아니하며 또

지진 후에 불이 있으나 불 가운데에도 여호와께서 계시지 아니하더니 불 후에 세미한 소리가 있는지라

묵상글

엘리야는 이세벨과 싸우고 나서 죽고 싶을 정도의 우울증에 빠졌다. 하나님은 과거에 나타나셨듯이 나타나지 않으셨다. 바람 속에 계시지 않았고(욥의 경우), 지진(시내 산에서 십계명을 주실 때), 불(모세의 불타는 떨기나무) 속에 계시지 않았다. 하나님께서 마침내 "순전한 침묵의 소리" 속에서 엘리야에게 자신을 계시하셨다(왕상 19:12). 하나님이 "세미한 소리"로 오신다는 번역은 히브리 원어의 의미를 잘 전달하지 못한다. 그러나 번역가들이 어떻게 할 수 있었겠는가? 어떻게 침묵을 듣는다고 번역할 수 있었겠는가?

혼돈 후의 침묵은, 엘리야에게나 우리에게나, 하나님의 임재로 충만하다. 하나님이 엘리야에게 침묵으로부터 말씀하신다.[58] 하나님이 당신에게도 서서 엘리야처럼 기다리라고 초청하신다. 왜 그런가? 하나님이 당신에게도 "순전한 침묵의 소리"로부터 말씀하고자 하시기 때문이다.

생각할 질문

누구에게도 방해받지 않는 긴 침묵의 시간을 하나님의 음성을 듣기 위해 언제 마련할 수 있는가?

기도

주님 앞에서 침묵 속에 있기가 얼마나 어려운지 주님이 아십니다. 때로는 주변에 가득한 요구들과 소음 때문에 그것이 거의 불가능한 것 같이 느껴집니다. 그러나 제가 주님을 초청하오니, 저를 당신 앞의 조용하고 잠잠한 자리로 인도하소서. 엘리야처럼, 저도 당신의 음성을 들을 수 있는 자리로 인도하소서. 예수님의 이름으로 기도합니다. 아멘.

침묵하기(2분)

저녁 기도

침묵하며 하나님께 초점 맞추기(2분)

성경 본문 읽기

요한복음 15장 4-6절
내 안에 거하라 나도 너희 안에 거하리라 가지가 포도나무에 붙어 있지 아니하면 스스로 열매를 맺을 수 없음 같이 너희도 내 안에 있지 아니하면 그러하리라 나는 포도나무요 너희는 가지라 그가 내 안에, 내가 그 안에 거하면 사람이 열매를 많이 맺나니 나를 떠나서는 너희가 아무 것도 할 수 없음이라 사람이 내 안에 거하지 아니하면 가지처럼 밖에 버려져 마르나니 사람들이 그것을 모아다가 불에 던져 사르느니라

묵상글
만일 우리가 하나님이 우리에게 요구하시는 것보다 바쁘다면, 우리는 자신에게 폭력을 행사하고 있는 것이다.

근자에 만연하는 형태의 폭력이 있다. 그것은 행동주의와 과로다. 현대 생활의 분주함과 중압감은 아마도 현대생활에 내재된 가장 흔한 형태의 폭력일 것이다. 자신을 허락하여 상충하는 수

많은 사안들에 떠밀려 다니고, 너무 많은 요구들에 굴복하고, 너무 많은 프로젝트들을 떠맡고, 모든 사람의 모든 일을 도우려고 하는 것은 폭력에 굴복하는 것이다. 그것은 우리의 일을 풍성히 열매 맺게 하는 내적 지혜의 뿌리를 죽인다.[59]

- 토머스 머튼(Thomas Merton)

우리 자신에게 그 폭력을 행함으로써, 우리는 그리스도의 사랑 안에서, 그리스도의 사랑으로 말미암아 남을 사랑할 수 없게 된다.

생각할 질문

당신의 삶은 어떠한 식으로 하나님이 요구하시는 것보다 더 바쁜가?

기도

아버지, 저는 종종 너무 많은 사안, 요구, 일거리들에 떠밀려 다닙니다. 저는 제 영혼이 당하고 있는 폭력을 느끼고 있습니다. 저를 둘러싼, 그리고 제 안에 있는 회오리로부터 저를 해방하소서. 저의 지치고 곤한 영혼을 치료하사, 아버지 안에서 안식하는 데서 나오는 지혜가 제 안에 깊이 흐르게 하소서. 예수님의 이름으로 기도합니다. 아멘.

침묵하기(2분)

매일 기도가 깨닫게 하는
생명의 비밀

●

아침 기도

침묵하며 하나님께 초점 맞추기(2분)

성경 본문 읽기

시편 46편 1-3, 10절
하나님은 우리의 피난처시요 힘이시니
환난 중에 만날 큰 도움이시라
그러므로 땅이 변하든지

산이 흔들려 바다 가운데에 빠지든지
바닷물이 솟아나고 뛰놀든지
그것이 넘침으로 산이 흔들릴지라도 우리는 두려워하지 아니하리로다
너희는 가만히 있어 내가 하나님 됨을 알지어다
내가 뭇 나라 중에서 높임을 받으리라
내가 세계 중에서 높임을 받으리라

묵상글

많은 사람들이 열렬히 찾지만, 지속적 침묵 속에 거하는 자들만이 발견한다. 많이 말하기를 좋아하는 사람은, 좋은 것을 말하더라도, 내면은 공허하다. 만일 당신이 진리를 사랑한다면, 침묵을 사랑하라. 침묵은 햇빛처럼 하나님 안에서 당신 자신을 조명하여 무지의 유령들로부터 당신을 해방시킬 것이다. 침묵은 당신을 하나님과 연합시킬 것이다.

모든 것보다 침묵을 사랑하라. 침묵은 혀로 묘사할 수 없는 열매를 당신에게 준다. 처음에는 우리가 억지로 우리 자신을 침묵하게 만들어야 한다. 그러다가 그 다음에는 우리를 침묵으로 이끌어가는 그것이 탄생한다. 침묵에서 태어나는 "그것"을 하나님이 우리에게 경험하게 해 주시기를 바란다. 오직 그것을 연습한다면, 그 결과 들어본 적 없는 빛이 당신에게 비칠 것이다. 얼마 후에는 그 연습의 핵심 중에 어떤 달콤함이 태어나고, 당신의 몸은 거의 강제로 침묵 속에 머물게 이끌어진다.[60]

- 니느웨의 이삭(Isaac of Nineveh, 7세기 니느웨의 교회 감독)

생각할 질문

당신을 침묵하지 못하게 막는 것은 무엇인가?

기도

주님, 잠잠히 침묵 속에 인내하며 당신을 기다리게 하소서. 예수님
의 이름으로 기도합니다. 아멘.

침묵하기(2분)

저녁 기도

침묵하며 하나님께 초점 맞추기(2분)

성경 본문 읽기

마태복음 13장 31-33절
또 비유를 들어 이르시되 천국은 마치 사람이 자기 밭에 갖다 심은 겨자씨 한 알 같으니 이는 모든 씨보다 작은 것이로되 자란 후에는 풀보다 커서 나무가 되매 공중의 새들이 와서 그 가지에 깃들이느니라 또 비유로 말씀하시되 천국은 마치 여자가 가루 서 말 속에 갖다 넣어 전부 부풀게 한 누룩과 같으니라

묵상글

하나님의 나라가 어떻게 씨처럼 역사하는지 묘사하는 이 두 비유에서, 예수님이 속도를 늦추고 우리 삶을 더 오래 살펴보라고 하신다.

우리는 멈추지 않는다. 우리는 빨리, 더 빨리 일할 수 있다. 마치 전기 조명이 인공적으로 낮을 만들어 기계 전체가 쉼 없이 노동할 수 있는 것 같이 말이다. 그러나 기억하라. 생명체는 아무것도 그렇게 살지 않는다. 생명의 성장 방법을 다스리는 큰 리듬이 있다. 그것은 계절, 일몰, 바다와 별의 큰 움직임 등이

다. 우리도 창조 이야기에 속하는 일부로서, 그 모든 법칙과 리듬에 지배된다. 계절, 개화, 동면의 리듬에 순복하는 것은 생명의 비밀을 음미하는 것이다.

많은 과학자들은 우리의 신체가 그렇게 작동하도록 만들어졌다고 믿는다. 그 리듬을 인식하며 살고, 그 리듬에 들어갔다가 나오고, 몰입했다가 초연해지고, 일하고 쉬도록 만들어졌다. 그렇다면 안식일을 기억하라는 명령은 율법을 주는 어떤 신의 부담스러운 요구사항이 아니다. "너는 해야 한다, 너는 하는 게 좋을 것이다, 너는 해야만 한다"가 아니다. 오히려 그것은 자연의 짜임새에 확고히 박혀 있는 법칙을 기억하라는 것이다. 그것은 사물의 실상이 어떤지 일깨워준다. 그 실상은 리드미컬한 춤이고, 우리도 거기에 속하여 벗어날 수 없다.[61]

- 웨인 뮬러(Wayne Muller)

생각할 질문

자연의 리듬을 볼 때, 당신이 자신의 삶에 바라는 리듬은 무엇인가?

기도

주님, 제가 잘 때도 주님은 일하시니 감사합니다. 제가 생명에 내장된 리듬을 존중하고, 주님 안의 깊은 안식으로부터 힘을 얻어 살아가도록 저를 가르치소서. 예수님의 이름으로 기도합니다. 아멘.

침묵하기(2분)

안식일,
영원한 삶을 위한 훈련

●

아침 기도

침묵하며 하나님께 초점 맞추기(2분)

성경 본문 읽기

마가복음 2장 23-28절

안식일에 예수께서 밀밭 사이로 지나가실새 그의 제자들이 길을 열며 이삭을 자르니 바리새인들이 예수께 말하되 보시오 저들이 어찌하여 안식일에 하지 못할 일을 하나이까 예수께서 이르시되 다윗이 자기와 및 함께 한 자들이 먹을 것이 없어 시장할 때에 한 일을 읽지 못하였느냐 그가 아비아달 대제 사장 때에 하나님의 전에 들어가서 제사장 외에는 먹어서는 안 되는 진설병 을 먹고 함께 한 자들에게도 주지 아니하였느냐 또 이르시되 안식일이 사람 을 위하여 있는 것이요 사람이 안식일을 위하여 있는 것이 아니니 이러므로 인자는 안식일에도 주인이니라

묵상글

멈출 준비가 되었느냐에 따라 안식일의 여부가 결정되지 않는다. 일 은 우리가 마쳐서 멈추는 것이 아니다. 멈추는 것은 해야 할 전화 통 화들을 다 마쳤거나, 일거리를 끝냈거나, 메시지들을 완료했거나, 내일까지 써야 할 보고서를 다 작성했기 때문이 아니다. 멈추는 것 은 멈출 때가 되었기 때문에 가능한 것이다.

안식일은 순복을 요구한다. 만일 우리가 모든 일을 마쳤을 때만 멈 춘다면, 결코 멈추지 않을 것이다. 왜냐하면 일은 완전히 마쳐지지 않기 때문이다. 물론 무엇인가 성취하기도 하지만, 그럴 때마다 새 로운 책임이 생겨난다. 그러므로 일을 다 마칠 때까지 안식을 거부 한다면, 우리는 죽을 때까지 안식하지 못할 것이다. 안식일은 일과 의 인위적 긴박성을 무장해제 시킨다. 왜냐하면 안식일은 일을 끝마 쳐야 할 필요로부터 해방시키기 때문이다.

멈추는 것은 우리보다 큰 힘들이 있어서 우주를 돌보기 때문이다. 그리고 우리의 노력도 중요하고, 필요하고, 유용하긴 하지만, 그것 들이 (그리고 우리 자신도) 없으면 안 될 것은 아니기 때문이다. 은하계 는 우리 없이도 이날 지금 이 시간에 운영될 것이다.

그러므로 우리는 초청된다. 아니 오히려 명령된다. 쉬고, 자신이 비교적 덜 중요한 존재라는 사실을 즐기고, 이 거대한 세상 속에서 겸손한 자리를 즐기라고. 내일에 대해 염려하지 말라고 예수님이 거듭 거듭 말씀하셨다. 이 날의 일만으로 충분하게 하라. 안식일은 말한다. 정지하라. 멈추라. 끝을 향해 서둘러 달려가지 않아도 된다. 왜냐하면 우리의 일은 결코 끝나지 않기 때문이다. [62]

- 웨인 뮬러(Wayne Muller)

생각할 질문

매주 24시간을 정해 멈추는 것에 대해 당신을 가장 두렵게 하는 것은 무엇인가?

기도

주님, 안식일의 개념은 제가 삶을 살아가는 방식에 큰 변화를 요구합니다. 저의 고유한 성격과 상황에 맞도록 가르치소서. 미완인 채로 남을 모든 것에 대해 주님을 신뢰하고 거대한 세상 속에서 겸손한 자리를 즐기게 하소서. 예수님의 이름으로 기도합니다. 아멘.

침묵하기(2분)

저녁 기도

침묵하며 하나님께 초점 맞추기(2분)

성경 본문 읽기

시편 92편 1-6절
지존자여 십현금과 비파와 수금으로 여호와께 감사하며
주의 이름을 찬양하고
아침마다 주의 인자하심을 알리며
밤마다 주의 성실하심을 베풂이 좋으니이다
여호와여 주께서 행하신 일로 나를 기쁘게 하셨으니
주의 손이 행하신 일로 말미암아 내가 높이 외치리이다
여호와여 주께서 행하신 일이 어찌 그리 크신지요
주의 생각이 매우 깊으시니이다
어리석은 자도 알지 못하며
무지한 자도 이를 깨닫지 못하나이다

묵상글
시편 92편은 안식일에 불리도록 의도된 곡이다. 이 시편은 오늘날의 소진과 파괴의 문화에 대해 경종을 울릴 뿐 아니라, 안식일에 대한 긍정적 비전을 제시한다. 즉 안식일을 엿새 동안 미친 듯 혹사하던 데서 단지 면제되는 개념 이상으로 이끌어 간다. 안식일은 매일 실질적으로 하나님을 공경하는 데 바쳐진 삶의 초점이자 정점이다.

아브라함 조슈아 헤셸이 말했다. "아직 이 세상에 있는 동안 안식일의 맛을 음미할 줄 모른다면, 즉 영생을 여기서부터 음미하기 시작하지 않는다면, 오는 세상에서도 영생의 맛을 즐길 수 없을 것이다."
우리가 창조의 많은 좋은 선물들을 낭비하고 탕진하면서, 하늘의 선물과 은사들에 대해서는 그러지 않을 거라고 생각한다면, 너무 단순한 것이다. 그런 관점에서 볼 때, 안식일을 지키는 것은 영원한 삶에 대한 훈련이며, 하나님의 임재를 온전히 받아들이고 환영하기 위한 준비다.[63]

- 노먼 워즈바(Norman Wirzba)

생각할 질문
안식일을 지키는 것(24시간을 온전히)과 매일 경건의 시간(몇 분 동안의 미니 안식일)이 당신에게 어떻게 영생을 미리 맛보게 해 주는가?

기도

주님, 어떻게 주님의 임재를 매일 경험할 수 있는지 제게 보여 주소
서. 영원을 위해 저를 훈련시키소서. 참된 안식일의 쉼을 경험하는
것을 통해 제가 천국을 맛보게 허락하소서. 예수님의 이름으로 기도
합니다. 아멘.

침묵하기(2분)

안식일의 축복

●

아침 기도

침묵하며 하나님께 초점 맞추기(2분)

성경 본문 읽기

시편 23편 1-3절
여호와는 나의 목자시니 내게 부족함이 없으리로다
그가 나를 푸른 풀밭에 누이시며 쉴 만한 물 가로 인도하시는도다
내 영혼을 소생시키시고 자기 이름을 위하여
의의 길로 인도하시는도다

묵상글

안식일은 우리에게 은혜를 가르친다. 왜냐하면 안식일은 우리가 하는 어떤 것으로도 하나님의 사랑을 획득할 수 없다는 기본 진리를 경험적으로 일깨우기 때문이다. 열심히 일하며, 은사를 사용하여 남을 섬기고, 일로 수고하면서 기쁨을 누릴 때, 우리가 항상 처하는 위험이 있다. 그때 우리는 행위가 하나님이 우리를 사랑하시게 만든다고 믿게 된다. 그러나 오직 우리가 멈출 때만, 정말로 멈출 때만, 우리는 우리가 하는 행위와 별개로, 우리의 행위를 떠나서, 우리가 하나님의 사랑을 받는다고 우리의 마음과 영혼을 가르치게 된다.

안식의 날, 우리는 느긋하게 삶을 살펴볼 기회를 갖는다. 하나님이 우리의 날들의 매 순간마다 역사하고 계시지만, 우리가 그것에 주목하고 알아채는 경우는 드물다. 주목하려면 의도적으로 멈춰야 하는데, 안식일이 그 기회를 제공한다. 안식일에 우리는 우리의 사랑의 창조자께서 공들여 창조하신 단풍잎의 아름다움을 볼 순간을 가질 수 있다.

멈추는 시간이 없으면, 우리는 삶 속의 하나님의 손길에 주목할 수 없고, 감사하는 연습을 할 수 없고, 문화의 가치에서 벗어나 깊은 갈망을 살펴볼 수 없다. 쉼의 시간이 없으면, 우리는 하나님의 무조건적인 사랑과 용납을 경험할 능력이 심하게 손상될 것이다. 안식일은 선물이며, 그 축복은 다른 어디서도 발견되지 않는다.[64]

- 린 밥(Lynne Baab)

생각할 질문

이번 주에 당신은 어떻게 하나님이 당신을 안식의 "잠잠한 물가"로 인도하시도록 허락하여, 하나님의 무조건적인 사랑과 용납을 경험하겠는가?

기도

주님, 지금 제가 심호흡을 하고 멈춥니다. 너무나 자주 저는 다른 일들에 몰두하고 긴장하여 제 삶 속의 당신의 손길과 선물들을 인식하지 못합니다. 매일, 매주 제가 멈추고 그저 당신의 사랑의 품 안에 안식할 수 있도록 힘을 주소서. 예수님의 이름으로 기도합니다. 아멘.

침묵하기(2분)

저녁 기도

침묵하며 하나님께 초점 맞추기(2분)

성경 본문 읽기

신명기 5장 12-15절

네 하나님 여호와가 네게 명령한 대로 안식일을 지켜 거룩하게 하라 엿새 동안은 힘써 네 모든 일을 행할 것이나 일곱째 날은 네 하나님 여호와의 안식일인즉 너나 네 아들이나 네 딸이나 네 남종이나 네 여종이나 네 소나 네 나귀나 네 모든 가축이나 네 문 안에 유하는 객이라도 아무 일도 하지 못하게 하고 네 남종이나 네 여종에게 너 같이 안식하게 할지니라 너는 기억하라 네가 애굽 땅에서 종이 되었더니 네 하나님 여호와가 강한 손과 편 팔로 거기서 너를 인도하여 내었나니 그러므로 네 하나님 여호와가 네게 명령하여 안식일을 지키라 하느니라

묵상글

안식일은 해방된 백성으로서의 우리의 삶의 모습을 형성해가기 위해 의도되었다. 이 네 번째 계명은 한때 노예였던 사람들을 위한 자유로운 시간을 제시한다.

왜 안식일을 준수해야 하는지 신명기에서 밝히는 이유는 우리 조상이 애굽에서 400년 동안 휴가가 없었다는 것이다(신 5:15).

단 하루도 쉬는 날이 없었다. 그 결과: 그들은 사람이 아니라 노예, 일손, 작업반으로 간주되었다. 하나님의 형상으로 창조된 사람이 아니라, 벽돌을 만들고 피라미드를 짓기 위한 장비가 되었다. 인간성이 말살되었다.[65]

- 유진 피터슨(Eugene Peterson)

안식일 준수는 당신이 "일 기계"가 아니라 하나님께 깊이 사랑받는 아들딸이라는 진리를 경험하게 한다. 하나님은 단지 당신을 사용하여 일을 이루는 데 관심 있지 않으시다.

하나님은 그저 당신으로 인해 기뻐하신다. 그리고 하나님은 일주일에 한 번 자유로운 시간을 주셔서, 당신이 압제와 노예에서 해방된 것을 축하하게 하신다.

생각할 질문

"하나님은 당신을 사용하고 싶어 하시는 것이 아니라 당신을 누리고 싶어 하신다"는 진리가 안식일 축하에 대한 어떤 비전을 제시하는가?

기도

주님, 안식일의 쉼은 참으로 놀라운 선물입니다! 제가 뭘 해서 당신의 사랑을 얻는 것이 아님에 감사합니다. 당신의 사랑에는 아무런 조건도 없습니다. 지금 당신 앞에 눈을 감고 저는 오직 이렇게 말할 수 있을 뿐입니다. "감사합니다." 예수님의 이름으로 기도합니다. 아멘.

침묵하기(2분)

Emotionally
Healthy Spirituality

day by day

정서적 성숙을 통해
예수의
참 제자가 되라

있는 모습 그대로

●

아침 기도

침묵하며 하나님께 초점 맞추기 (2분)

성경 본문 읽기

누가복음 9장 49-55절

요한이 여짜오되 주여 어떤 사람이 주의 이름으로 귀신을 내쫓는 것을 우리가 보고 우리와 함께 따르지 아니하므로 금하였나이다 예수께서 이르시되 금하지 말라 너희를 반대하지 않는 자는 너희를 위하는 자니라 하시니라 예수께서 승천하실 기약이 차가매 예루살렘을 향하여 올라가기로 굳게 결심하시고 사자들을 앞서 보내시매 그들이 가서 예수를 위하여 준비하려고 사마리아인의 한 마을에 들어갔더니 예수께서 예루살렘을 향하여 가시기 때문에 그들이 받아들이지 아니 하는지라 제자 야고보와 요한이 이를 보고 이르되 주여 우리가 불을 명하여 하늘로부터 내려 저들을 멸하라 하기를 원하시나이까 예수께서 돌아보시며 꾸짖으시고

묵상글

우리는 종종 잊는다. 예수님이 택하셔서 세우신 교회의 리더들도 영적으로나 정서적으로 성숙하지 않았다는 사실을 말이다. 우리처럼 그들도 배워야 할 것이 많았다.

핵심 리더인 베드로는 입을 다스리는 데 문제가 있었고 모순 덩어리였다. 그의 형제 안드레는 조용히 뒤에 있는 성격이었다. 야고보와 요한은 "우레의 아들들"이라는 별명이 붙었다. 그들은 드세고, 성마르고, 야심적이고, 관용을 몰랐기 때문이다. 빌립은 회의적이고 부정적이었다. 그의 관점은 제한되어 있었다. 오천 명을 먹이는 문제에 직면했을 때 그의 믿음은 "우리는 못해요"로 집약되었다. 나다나엘과 바돌로매는 편견이 있었다. 마태는 가버나움에서 최고로 증오의 대상이었다. 무고한 백성을 착취하는 직업을 가졌기 때문이었다. 도마는 감성적이고, 우울하며 비관적이었다. 야고보는 알패오의 아들, 유다는 야고보의 아들일 뿐 무명인들이었다. 성경은 그들에 대해 더 이상 그 무엇도 말하지 않는다. 열심당원 시몬은 자유를 추구하는 투사였고 그 시대의 테러리스트였다. 돈 궤를 맡은 유다는 도둑이며 외톨이였다. 그는 예수님께 충성하는 척 하다가 마침내 예수님을 배신했다.

그러나 그들은 대부분 한 가지 큰 장점을 가졌다. 바로 기꺼이 하겠다는 자원하는 마음이 있었다. 그것이 예수님이 우리에게 요구하시는 전부다.[66]

생각할 질문

당신은 어떤 한 걸음을 내딛어 당신을(결점이 있는 모습 그대로) 예수님의 손 안에 맡기고, 예수님을 초청하여 당신을 영적, 정서적으로 성숙한 제자로 빚어 달라고 요청하겠는가?

기도

예수님, 저는 제자들이 사마리아에 하늘로부터 불이 떨어지게 해서 누가 큰지를 놓고 싸우고자 했던 것에 공감합니다. 저의 오만함을 용서하소서. 저를 깨끗이 씻어 주시고 당신의 능력으로 저를 충만하게 채우셔서 오늘 제가 당신의 이름을 위하여 사랑하며 살게 하소서. 아멘.

침묵하기(2분)

저녁 기도

침묵하며 하나님께 초점 맞추기(2분)

성경 본문 읽기

마가복음 5장 30-34절

예수께서 그 능력이 자기에게서 나간 줄을 곧 스스로 아시고 무리 가운데서 돌이켜 말씀하시되 누가 내 옷에 손을 대었느냐 하시니 제자들이 여짜오되 무리가 에워싸 미는 것을 보시며 누가 내게 손을 대었느냐 물으시나이까 하되 예수께서 이 일 행한 여자를 보려고 둘러 보시니 여자가 자기에게 이루어진 일을 알고 두려워하여 떨며 와서 그 앞에 엎드려 모든 사실을 여쭈니 예수께서 이르시되 딸아 네 믿음이 너를 구원하였으니 평안히 가라 네 병에서 놓여 건강할지어다

묵상글

정서적으로 성숙한 그리스도인 성인으로서 우리는 잘 사랑하는 것이 영성의 핵심임을 깨닫는다. 그것은 우리가 하나님, 우리 자신, 다른 사람들과 유대감을 갖는 것을 요구한다. 하나님은 매일의 삶에서 하나님의 임재 연습을 위해 우리를 초청하신다. 동시에 매일의 관계 속에서 하나님의 임재를 인식하는 가운데 "다른 사람들과 온전히 함

께 존재하는 것을 연습하라"고 초청하신다. 그 두 가지가 잘 통합되는 경우는 드물다.

예수님이 보여 주신 심오한 관상적 기도 생활을 배워야 한다. 사랑은 "다른 사람 안의 아름다움을 그들 자신에게 계시하는 것"이라고 장 바니에는 말했다. 예수님은 만나는 모든 사람에게 그렇게 하셨다. 마가복음 5장의 12년 혈루병 여인과의 교류에서 우리는 그것을 본다.

사람에게 정말로 경청하고 관심을 기울여 주목하는 능력이 예수님의 사명 수행의 핵심이었다. 그리고 그것은 예수님으로 하여금 긍휼의 마음을 갖게 했다. 마찬가지로, 우리도 하나님과의 관상적 시간으로 말미암아, 기도하는 자세로 사람들 곁에 있고, 사람들의 아름다움을 그들 자신에게 계시하도록 초청한다.

예수님 당시의 종교 지도자들, 그 당시의 "교회 리더들"은 그런 유대감을 결코 갖지 못했다.[67]

생각할 질문

당신은 하나님의 임재를 인식하는 가운데 어떻게 "사람들과 온전히 함께하는 훈련을 하고 있는가?

기도

주님, 제 안에는 건강하지 못한 관계 방식이 깊이 박혀 있습니다. 저를 변화시켜 주소서. 저를 성숙하고, 안정되고, 믿음직한 사랑을 전파하는 그릇으로 삼으소서. 그래서 제가 접하는 사람들이 당신의 친절함과 다정함을 느끼게 하소서. 예수님의 이름으로 기도합니다. 아멘.

침묵하기(2분)

Day 32

정서적으로
건강하다는 것

●

아침 기도

침묵하며 하나님께 초점 맞추기(2분)

성경 본문 읽기

누가복음 15장 20b-24절

아직도 거리가 먼데 아버지가 그를 보고 측은히 여겨 달려가 목을 안고 입을
맞추니 아들이 이르되 아버지 내가 하늘과 아버지께 죄를 지었사오니 지금
부터는 아버지의 아들이라 일컬음을 감당하지 못하겠나이다 하나 아버지는
종들에게 이르되 제일 좋은 옷을 내어다가 입히고 손에 가락지를 끼우고 발
에 신을 신기라 그리고 살진 송아지를 끌어다가 잡으라 우리가 먹고 즐기자

이 내 아들은 죽었다가 다시 살아났으며 내가 잃었다가 다시 얻었노라 하니 그들이 즐거워하더라

묵상글

유명한 탕자의 비유에서 예수님이 묘사하신 아버지는 우리가 정서적으로 건강한 성인이 된다는 것이 어떤 것인지 일면을 보여 준다. 교회에는 자기의 기대가 채워지지 않을 때마다 하나님의 사랑을 떠나 방황하는 둘째 아들들이 가득하다. 또한 화나서 원망하고 투덜대는 큰형들도 가득하다. 나는 다 잘 안다. 더불어 그들에게 공감한다. 그러나 사람들이 절실히 찾고 있는 것은 포용하고, 사랑하고, 공감하고, 함께해 주고, 기꺼이 용서하는 믿음 안의 어머니와 아버지들이다. 그것은 조건 없는 사랑이다. 그런 사랑은 세상에 별로 없다. 그러한 종류의 사람이 되는 것은 자연적으로 되지 않는다.

아버지 앞에 무릎 꿇고, 아버지의 가슴에 귀를 기울여, 아무 방해 없이, 아버지의 심장 고동 소리를 들어야 한다. 오직 그럴 때만 나는 내가 들은 것을 조심스럽게, 매우 부드럽게 사람들에게 말하게 될 수 있다. 이제 나는 영원으로부터 받아서 시간 속에 말하고, 영원한 기쁨으로부터 받아서 이 세상 속의 우리의 짧은 실존의 덧없는 실체 속에 말하고, 사랑의 집으로부터 받아서 두려움의 집들 속에 말하고, 하나님의 임재로부터 받아서 인간의 존재 속에 말한다.[68]

- 헨리 나우웬(Henri Nouwen)

생각할 질문

탕자에 대한 헨리 나우웬의 글에서 마음속 깊이 당신에게 다가온 말
은 무엇인가?

기도

아버지, 잠잠히 당신께 귀 기울이고, 당신이 안아 주시는 품을 느끼
고, 당신의 사랑 안에 안식하게 하소서. 그리고 나서 그것으로부터
받은 것을 다른 사람들에게 말하게 하소서. 예수님의 이름으로 기도
합니다. 아멘.

침묵하기(2분)

저녁 기도

침묵하며 하나님께 초점 맞추기(2분)

성경 본문 읽기

시편 130편

여호와여 내가 깊은 곳에서 주께 부르짖었나이다

주여 내 소리를 들으시며 나의 부르짖는 소리에 귀를 기울이소서

여호와여 주께서 죄악을 지켜보실진대 주여 누가 서리이까

그러나 사유하심이 주께 있음은 주를 경외하게 하심이니이다

나 곧 내 영혼은 여호와를 기다리며 나는 주의 말씀을 바라는도다

파수꾼이 아침을 기다림보다 내 영혼이 주를 더 기다리나니

참으로 파수꾼이 아침을 기다림보다 더하도다

이스라엘아 여호와를 바랄지어다

여호와께서는 인자하심과 풍성한 속량이 있음이라

그가 이스라엘을 그의 모든 죄악에서 속량하시리로다

묵상글

나는 무엇인가에 대해서는 "하나님을 기다릴" 수 있다. 새로운 기회,
자녀의 축복, 친구 사이의 회복, 안전한 여행 등을 위해서 말이다.
그러나 무엇에 대해 "하나님을 기다리는" 것이 아니라 단지 여호와

앞에 가만히 있기는 훨씬 더 어렵다. 그러나 그것이야말로 타인을 잘 사랑하기 위한 열쇠 중 하나다.

나도 해 보려고 하긴 하지만, 나의 내면의 세계가 다른 것에 몰두하느라 산만할 때는 다른 사람과 온전히 함께 존재하기가 어렵다. 그것은 내가 다른 사람들과 함께 온전히 존재하는 데 있어서 가장 큰 난제 중 하나다. 그러려면 내 영혼 속이 고요해야 한다. 고요함은 정말로 온전히 함께 있기 위한 전제조건이다. 내가 다른 사람과 고요히 함께 있으려면 먼저 나 자신에게 고요해야 한다. 그리고 물론, 나 자신 안에서 고요할 줄 알려면 하나님 앞에서 고요할 줄 알아야 한다. 내가 누군가와 온전히 함께 존재하는 것은 자기 안의 고요한 장소로부터 시작된다. 만일 내 안에 그런 내적 장소가 없으면, 정말로 다른 사람들과 함께 온전히 있을 수 없다.[69]

- 데이빗 베너(David Benner)

생각할 질문
하나님 앞에서 고요해지는 것을 방해하는 것은 무엇인가?

기도
주님, 당신 앞에서 영혼을 잠잠하고 고요하게 하는 것이 어떤 것인지 잘 모름을 고백합니다. 그 고요한 자리를 알고 제 안에서 찾도록 저를 인도하소서. 당신이 저를 인도하시는 대로 어디든 어떻게든 따라가게 하소서. 예수님의 이름으로 기도합니다. 아멘.

침묵하기(2분)

Day 33

그것이 아닌
사람 그대로 대하라

●

아침 기도

침묵하며 하나님께 초점 맞추기(2분)

성경 본문 읽기

마태복음 25장 34-36, 40절
그때에 임금이 그 오른편에 있는 자들에게 이르시되 내 아버지께 복 받을 자
들이여 나아와 창세로부터 너희를 위하여 예비된 나라를 상속받으라 내가
주릴 때에 너희가 먹을 것을 주었고 목마를 때에 마시게 하였고 나그네 되었

을 때에 영접하였고 헐벗었을 때에 옷을 입혔고 병들었을 때에 돌보았고 옥
에 갇혔을 때에 와서 보았느니라 임금이 대답하여 이르시되 내가 진실로 너
희에게 이르노니 너희가 여기 내 형제 중에 지극히 작은 자 하나에게 한 것이
곧 내게 한 것이니라 하시고

묵상글

1952년에 테레사 수녀는 인도, 캘커타의 거리에서 죽어가는 사람들
을 거두어 돌보기 시작했다. 1980년에 이르러 3,000명이 넘는 사람
들이 그녀가 소속된 사랑의 수도회에서 52개국에 보내져 일하였다.
그녀의 가르침과 삶은 정서적, 영적 성인이 되어 이 세상에서 예수
님을 따르는 것이 무엇을 의미하는지에 대해 심오한 통찰을 우리에
게 제시해 준다.

"나는 결코 무리를 나의 의무로 보지 않는다. 나는 오직 한 사람
만 본다. 나는 한 번에 단 한 사람만 사랑할 수 있다. 나는 한 번
에 단 한 사람만 먹일 수 있다. 단 한 사람, 한 사람, 한 사람만.
그것은 예수님이 말씀하신 것과 같다. '너희가 여기 내 형제 중
에 지극히 작은 자 하나에게 한 것이 곧 내게 한 것이니라.'" 당
신도 그렇게 시작하라. 나도 그렇게 시작한다. 나는 한 번에 한
사람을 돌보았다. 그 일은 바다의 물 한 방울에 불과하다. 그러
나 우리가 그 한 방울을 바다에 넣지 않으면, 바다는 한 방울이
모자랄 것이다. 당신도 마찬가지다. 당신의 가정에서도 마찬가
지다. 당신이 가는 교회에서도 마찬가지다. 그냥 시작하라. 한

가지, 한 가지, 한 가지를!

인생의 끝에 우리는 이것으로 판단될 것이다. "내가 주릴 때에 너희가 먹을 것을 주었고 헐벗었을 때에 옷을 입혔고 나그네 되었을 때에 영접하였느니라." 빵에 주린 자만이 아니라 사랑에 굶주린 자를. 옷을 헐벗은 자만이 아니라 인간의 존엄성을 박탈당한 자를. 벽돌집이 없어서 집 없는 자가 아니라, 거절 당하여 집 없는 자를.[70]

- 마더 테레사(Mother Teresa)

생각할 질문

이번 주에 당신이 만나는 사람들 안에서 어떻게 예수 그리스도를 보기 시작하겠는가?

기도

주님, 종종 제 주변 세상의 엄청난 필요에 압도됩니다. 그러나 이 세상을 책임지는 분은 제가 아니라, 당신이시니 감사합니다. 오늘 제가 무리가 아닌 한 사람을 보게 하소서. 저의 생명에서 흘러나오는 말과 행동이 당신의 생명을 반영하게 하소서. 예수님의 이름으로 기도합니다. 아멘.

침묵하기(2분)

저녁 기도

침묵하며 하나님께 초점 맞추기(2분)

성경 본문 읽기

누가복음 10장 30-37절

예수께서 대답하여 이르시되 어떤 사람이 예루살렘에서 여리고로 내려가다
가 강도를 만나매 강도들이 그 옷을 벗기고 때려 거의 죽은 것을 버리고 갔더
라 마침 한 제사장이 그 길로 내려가다가 그를 보고 피하여 지나가고 또 이
와 같이 한 레위인도 그 곳에 이르러 그를 보고 피하여 지나가되 어떤 사마리
아 사람은 여행하는 중 거기 이르러 그를 보고 불쌍히 여겨 가까이 가서 기름
과 포도주를 그 상처에 붓고 싸매고 자기 짐승에 태워 주막으로 데리고 가서
돌보아 주니라 그 이튿날 그가 주막 주인에게 데나리온 둘을 내어 주며 이르
되 이 사람을 돌보아 주라 비용이 더 들면 내가 돌아올 때에 갚으리라 하였으
니 네 생각에는 이 세 사람 중에 누가 강도 만난 자의 이웃이 되겠느냐 이르
되 자비를 베푼 자니이다 예수께서 이르시되 가서 너도 이와 같이 하라 하시
니라

묵상글

위대한 유대인 신학자 마틴 부버는 두 인간 사이의 가장 건강하거나
성숙한 관계를 "나-그대" 관계라고 묘사했다. 그런 관계 속에서는

나 자신을 하나님의 형상으로 만들어진 존재로 인식하는 한편 상대 방도 그러하다고 인식한다. 그들은 존엄성과 가치를 가지며, 존중으로 대해야 한다. 나는 그들을 나와 별개의 고유하고 분리된 인간으로 인정한다.

그러나 대부분의 인간관계에서 우리는 사람들을 물건인 "그것"으로 대한다. "나-그것" 관계 속에서는 사람을 목적을 위한 수단으로 대한다. 내가 칫솔을 사용하거나 내가 어디로 가기 위해 차를 이용하는 것처럼 말이다. 사람들과 얘기하는 것도 내 마음에 있는 것을 해소하기 위해서이지, 개별적 개인인 그들과 함께 있기 위해서가 아니다. 그리고 나는 권위 있는 인물이나 유명인에 대해 마치 그들이 인간 이하인 것처럼 말하기도 한다. 사람들이 나의 계획에 맞춰 주지 않거나 내가 보는 관점으로 그들을 보지 않으면 울분에 빠진다.

본문에서 제사장과 레위인은 정서적 성숙(잘 사랑하는 것)과 하나님을 사랑하는 것이 불가분의 관계에 있음을 깨닫지 못했다. 그들은 길가에 쓰러져 있는 "그대"를 못 알아보고 그냥 지나쳐갔다.[71]

생각할 질문

오늘 만날 사람들을 잠시 생각해 보라. 당신이 분주함에서 벗어나 속도를 늦추고 그들을 그것이 아닌 그대로 대하려면 어떻게 해야 할까?

기도

주 예수 그리스도, 하나님의 아들이시여, 제게 자비를 베푸소서. 제가 얼마나 자주 사람들을 그것으로 대하는지 깨닫습니다. 제가 만나는 한 사람, 한 사람을 그리스도의 눈과 마음으로 보게 하소서. 예수님의 이름으로 기도합니다. 아멘.

침묵하기(2분)

힘든 사람
사랑하기

●

아침 기도

침묵하며 하나님께 초점 맞추기(2분)

성경 본문 읽기

누가복음 7장 36-39절

한 바리새인이 예수께 자기와 함께 잡수시기를 청하니 이에 바리새인의 집
에 들어가 앉으셨을 때에 그 동네에 죄를 지은 한 여자가 있어 예수께서 바리
새인의 집에 앉아 계심을 알고 향유 담은 옥합을 가지고 와서 예수의 뒤로 그

발 곁에 서서 울며 눈물로 그 발을 적시고 자기 머리털로 닦고 그 발에 입 맞추고 향유를 부으니 예수를 청한 바리새인이 그것을 보고 마음에 이르되 이 사람이 만일 선지자라면 자기를 만지는 이 여자가 누구며 어떠한 자 곧 죄인인 줄을 알았으리라 하거늘

묵상글

바리새인 시몬은 죄가 있는 여인을 하나님이 사랑하는 한 인간으로 보지 않았다. 그는 그녀를 죄인, 방해거리, 식사자리에 함께할 권리가 없는 사람으로 여겼다. 그러나 예수님은 그녀를 매우 다르게 보셨다.

사랑은 인식에서 솟아난다. 어떤 사람을 볼 때 지금, 여기 있는 모습 그대로 보아야 한다. 당신의 기억, 바람, 상상, 투사를 통해 그 사람을 본다면 참으로 그를 사랑할 수 없다. 그러면 당신이 사랑하는 것은 실제 그 사람이 아니라, 당신이 그 사람에 대해 가진 개념을 사랑하는 것이다.

그러므로 사랑의 첫 번째 행위는 그 사람 혹은 그 대상, 그 실체를 진실 그대로 보는 것이다. 그러려면 고된 훈련을 통해 자신의 바람, 편견, 기억, 투사, 선택적 관점을 버려야 한다. 그 훈련이 실로 대단하기에 대부분의 사람들은 선행과 봉사로 곧장 뛰어들어버리고, 이 힘든 훈련의 불에 자신을 바치지 않는다. 즉 사랑의 첫 번째 요소는 상대방을 정말로 보는 것이다.

두 번째 요소도 똑같이 중요한데, 그것은 당신 자신을 보며, 단호하게 자신의 동기, 감정, 욕구, 부정직, 자아 추구, 통제하고 조종하려

는 경향을 인식하는 것이다. [72]

- 안토니 드 멜로(Anthony De Mello)

생각할 질문

당신과 함께 있는 사람을 "있는 모습 그대로" 보지 못하게 정신을 산만하게 하는 것은 무엇인가?

기도

주님, 저는 제가 깨달을 수 있는 것 이상으로 용서를 받았습니다. 저도 이 비유의 바리새인 시몬과 같습니다. 분주함에서 벗어나 속도를 늦추고 사람들을 당신이 창조하신 모습 그대로 보게 하소서. 예수님의 이름으로 기도합니다. 아멘.

침묵하기(2분)

저녁 기도

침묵하며 하나님께 초점 맞추기(2분)

성경 본문 읽기

마가복음 10장 41-44절
열 제자가 듣고 야고보와 요한에 대하여 화를 내거늘 예수께서 불러다가 이
르시되 이방인의 집권자들이 그들을 임의로 주관하고 그 고관들이 그들에게
권세를 부리는 줄을 너희가 알거니와 너희 중에는 그렇지 않을지니 너희 중
에 누구든지 크고자 하는 자는 너희를 섬기는 자가 되고 너희 중에 누구든지
으뜸이 되고자 하는 자는 모든 사람의 종이 되어야 하리라

묵상글

예수님은 하나님 나라가 거꾸로 왕국이라고 가르치셨다. 그러나 제
자들은 자꾸만 백성 위의 권력이라는 세속적 모델을 "밑에서 섬기는
힘" 모델보다 더 생각했다.

하나님을 사랑하기보다 하나님이 되는 것이 더 쉬워 보이고, 사람들
을 사랑하기보다 사람들을 지배하는 게 더 쉬워 보이고, 생명을 사
랑하는 것보다 생명을 소유하는 게 더 쉬워 보인다.

예수님은 물으신다. "네가 나를 사랑하느냐?" 우리는 묻는다. "우

리가 당신의 나라에서 당신의 우편과 좌편에 앉을 수 있습니까?"(마 20:21). 뱀이 말했다. "네가 이 나무의 열매를 먹는 날에는 눈이 열리고 신들과 같아져서 선악을 구별하게 될 거야"(창 3:5). 그날 이래로, 우리는 사랑 대신 힘을 가지려는 유혹을 받았다.

예수님은 광야에서부터 십자가까지 그 유혹을 가장 고뇌스럽게 겪으셨다. 길고 고통스러운 교회사도 사람들이 여전히 다시 사랑보다 힘, 십자가보다 지배, 리더의 인도를 받기보다 리더가 되기를 선택하도록 유혹받은 역사다.[73]

- 헨리 나우웬(Henri Nouwen)

생각할 질문

당신이 힘과 지배를 내려놓고, 오늘 어떤 사람을 섬기기를 사랑으로 선택할 방법은 무엇일까?

기도

아버지, 제 삶의 힘든 사람들을 사랑하려할 때 제가 겪는 고민과 유혹을 당신이 아십니다. 저도 제자들처럼 지배하고 사람들 "위에 힘"을 갖기 위해 힘을 쏟으며 삽니다. 저를 당신의 능력으로 충만히 채우사 오늘 제가 조우하는 사람들을 사랑으로 섬기기를 선택하게 하소서. 예수님의 이름으로 기도합니다. 아멘.

침묵하기(2분)

가짜 평화 깨뜨리기

•

아침 기도

침묵하며 하나님께 초점 맞추기(2분)

성경 본문 읽기

마태복음 7장 1-5절

비판을 받지 아니하려거든 비판하지 말라 너희가 비판하는 그 비판으로 너희가 비판을 받을 것이요 너희가 헤아리는 그 헤아림으로 너희가 헤아림을 받을 것이니라 어찌하여 형제의 눈 속에 있는 티는 보고 네 눈 속에 있는 들보는 깨닫지 못하느냐 보라 네 눈 속에 들보가 있는데 어찌하여 형제에게 말하기를 나로 네 눈 속에 있는 티를 빼게 하라 하겠느냐 외식하는 자여 먼저 네 눈 속에

서 들보를 빼어라 그 후에야 밝히 보고 형제의 눈 속에서 티를 빼리라

묵상글

3세기부터 5세기까지의 사막 교부들은 하나님과의 진정한 삶이 어떻게 다른 사람들을 향해 성숙하고, 판단하지 않는 사랑으로 이어지는지에 대한 풍성한 지혜의 보고를 남겼다.

> "수도사는 그의 이웃 수도사에 대해 죽어야 하고 어떤 식으로든 전혀 판단하지 말아야 한다."
> "당신 자신의 결점에 몰두하면, 이웃의 결점을 볼 시간이 없다."[74]

우리들 중 많은 사람들은 남에게 조언하거나 잘못을 지적하는 데는 거침이 없다. 우리의 성향은 남들이 하나님 앞에서 그들 자신이 되고 그들 자신의 보조에 맞춰 움직이는 것을 허용하지 않는다. 오히려 우리는 그들이 우리와 달리 삶을 살기로 선택하는 것에 대해 마음의 불편함을 드러내고야 만다. 그 결과 그들을 우리의 생각 속에서 제거해 버리고, 그들을 우리처럼 만들려고 하거나, "상관 안 해"라는 무관심에 빠져버린다.

그러나 예수님이 말씀하셨듯이, 먼저 내 눈에서 들보를 꺼내고, 자신의 맹점을 깨닫지 않으면, 나는 위험하다. 나의 형제의 눈에서 티를 제거하려고 시도하기 전에, 죄가 나의 존재의 모든 부분, 즉 정

서, 지성, 신체, 의지, 영에 일으킨 광범위한 손상을 보아야 한다.

생각할 질문

하나님이 당신에게 판단하지 말라고 하는 사람이 있는가? 어떻게 그들을 축복하고 자비를 베풀 수 있을까?

기도

아바 아버지, 제가 많은 사람들에 대해 많은 의견들을 가지고 선을 그으며 판단한 것을 용서하소서. 저를 깨끗이 씻어 주시고 은혜를 베푸셔서, 먼저 저 자신의 들보를 보게 하시고, 남을 판단하기에 급급하지 않게 하소서. 예수님의 이름으로 기도합니다. 아멘.

침묵하기(2분)

저녁 기도

침묵하며 하나님께 초점 맞추기(2분)

성경 본문 읽기

마태복음 10장 28, 34-36절
몸은 죽여도 영혼은 능히 죽이지 못하는 자들을 두려워하지 말고 오직 몸과
영혼을 능히 지옥에 멸하실 수 있는 이를 두려워하라 내가 세상에 화평을 주
러 온 줄로 생각하지 말라 화평이 아니요 검을 주러 왔노라 내가 온 것은 "사
람이 그 아버지와, 딸이 어머니와, 며느리가 시어머니와 불화하게 하려 함이
니 사람의 원수가 자기 집안 식구리라."

묵상글
해소되지 않은 갈등은 오늘날 그리스도인의 삶에서 최대의 긴장거
리 중 하나다. 우리는 그것을 어떻게 해야 할지 모른다. 우리는 "가
짜 평화"에 안주하길 선호하면서, 문제가 사라지길 바란다. 그러나
그렇게 되지 않는다. 그 결과 우리는 이렇게 한다.

- 사람의 얼굴 앞에서 하는 말과 등 뒤에서 하는 말이 다르다.
- 지키지 못할 약속을 하거나, 남 탓을 하며 냉소적이다.

- 사람들이 좋아하지 않을까 봐 굴복한다.
- 은근한 비판으로 우리의 분노를 "슬쩍 흘린다."
- 남의 감정을 건드리고 싶지 않아서 반쪽짜리 진실을 말한다.
- 진심은 그렇지 않으면서 "그래"라고 말한다.
- 사람을 회피하고 입을 다문다.

그러나 갈등과 곤란은 예수님의 사명 중심에 있었다. 예수님은 제자들, 무리, 종교 지도자들, 로마 당국자들, 성전에서 매매하는 자들, 심지어 가정들의 가짜 평화를 깨뜨리셨다. 하나님의 나라를 거짓 위에 건설할 수 없다. 오직 진리로만 가능하다.[75]

생각할 질문

당신은 어떤 관계 속에서 긴장을 경험하고 있지만 "분란을 일으키고" 싶지 않은가?

기도

주님, 제 안의 모든 것은 긴장과 갈등으로부터 도망가고 싶어 하고, 진리를 왜곡하고 싶어 합니다. 제가 다른 사람들과 관계하는 방식들을 변화시키소서. 진리를 큰 사랑과 부드러움으로 말하게 하소서. 예수님의 이름으로 기도합니다. 아멘.

침묵하기(2분)

Emotionally
Healthy Spirituality
day by day

하나님의 길을
신실하게 따라갈
삶의 규칙을 세우라

진심으로 주님 찾기

●

아침 기도

침묵하며 하나님께 초점 맞추기(2분)

성경 본문 읽기

다니엘 1장 3-5, 8절

왕이 환관장 아스부나스에게 말하여 이스라엘 자손 중에서 왕족과 귀족 몇 사람 곧 흠이 없고 용모가 아름다우며 모든 지혜를 통찰하며 지식에 통달하며 학문에 익숙하여 왕궁에 설 만한 소년을 데려오게 하였고 그들에게 갈대아 사람의 학문과 언어를 가르치게 하였고 또 왕이 지정하여 그들에게 왕의 음식과 그가 마시는 포도주에서 날마다 쓸 것을 주어 삼 년을 기르게 하였으니 그 후에 그들은 왕 앞에 서게 될 것이더라 다니엘은 뜻을 정하여 왕의 음식과 그가 마시는 포도주로 자기를 더럽히지 아니하리라 하고 자기를 더럽히지 아니하도록 환관장에게 구하니

묵상글

느부갓네살과 바벨론 군대는 거짓 신들을 대동하고 예루살렘을 점령하여 주민 대부분을 노예로 끌고 갔다. 그 중에는 십대 소년 다니엘이 있었다. 바벨론은 한 가지 단순한 목표를 가졌다. 다니엘에게서 하나님을 따르는 자로서의 특징을 제거하고 그들의 문화 속으로 흡수하는 것이었다.

다니엘은 바벨론의 가공할 힘에 어떻게 저항했는가? 그는 수도원 담장 안에 사는 수도사가 아니었다. 그는 과중한 업무들을 가졌고, 많은 사람들의 지시를 받았다. 그를 지원해 주는 시스템은 거의 없었고, 매일 할 일이 넘쳤다.

그러나 다니엘이 가진 것이 있었으니, 그것은 계획과 삶의 규칙이었다. 그는 내면의 삶의 개발을 되는대로 되게 놔두지 않았다. 그는 자신이 무엇에 대항해야 하는지 알았다. 자세히는 모르지만, 그가 삶 전체의 방향을 하나님을 사랑하는 것을 중심으로 하여 잡았다는 것은 분명하다. 그는 어떤 행동, 가령 왕의 오염된 음식을 먹는 것을 스스로 금하고(단 1장 참조) 다른 행동에 참여했다. 가령 매일의 경건의 시간을 지켰다(단 6장 참조). 다니엘은 어떤 식으로든 자신에게 스스로 영적 양식을 공급하여 이 적대적인 환경 속에서도 비범한 하나

님의 사람으로서 활짝 꽃을 피웠다.[76]

생각할 질문

분주한 하루 중에 하나님과의 내적 삶의 개발을 방치하지 않기 위한
당신의 계획은 무엇인가?

기도

주님, 저는 주님과 함께 있는 시간이 필요합니다. 주님과 오랫동안
함께 머물고 싶습니다. 제 안은 변화될 것 투성입니다. 주님 중심으
로 저의 삶을 세울 수 있도록 제가 취할 수 있는 작은 한 단계를 보
여 주소서. 일하든, 쉬든, 공부하든, 기도하든 당신께 주의를 기울이
도록 효과적인 계획을 세우게 하소서. 예수님의 이름으로 기도합니
다. 아멘.

침묵하기 (2분)

저녁 기도

침묵하며 하나님께 초점 맞추기(2분)

성경 본문 읽기

시편 73편 12-17, 25절
볼지어다 이들은 악인들이라도
항상 평안하고 재물은 더욱 불어나도다
내가 내 마음을 깨끗하게 하며
내 손을 씻어 무죄하다 한 것이 실로 헛되도다
나는 종일 재난을 당하며
아침마다 징벌을 받았도다
내가 만일 스스로 이르기를 내가 그들처럼 말하리라 하였더라면
나는 주의 아들들의 세대에 대하여 악행을 행하였으리이다
내가 어쩌면 이를 알까 하여 생각한즉
그것이 내게 심한 고통이 되었더니
하나님의 성소에 들어갈 때에야
그들의 종말을 내가 깨달았나이다
하늘에서는 주 외에 누가 내게 있으리요

묵상글

기독교는 지적 신념들의 모음이 아니라, 하나님과의 사랑의 관계다. 그것을 위해 우리는 시편 기자가 시편 73편을 배울 필요가 있다. 우리는 하나님의 성전으로 들어가 하나님과 단 둘이 있어야 한다. 특히 고통과 어두움 속에 있을 때 더 그렇다.

사막 교부들의 금언이 유명한데, 그들은 전심으로 하나님을 찾기 위해 사막으로 떠나, 사막을 성전으로 삼았다. 그래서 결국 그들은 "삶의 규칙" 중심으로 공동체를 형성했다. 다음은 그들이 남긴 가르침의 일부다. 천천히 기도하며 읽으라. ("셀 cell"은 하나님과 함께 있기 위한 조용한 사적 장소를 일컫는 고대 용어다.)

> "물고기가 물을 너무 오래 떠나 있으면 죽듯이, 자신의 셀 밖에서 지체하며 세상 사람들과 시간을 보내는 수도사들은 강한 내적 평화를 잃는다. 그러므로 물고기가 바다로 가듯이, 우리도 우리의 셀로 서둘러 가야 한다." 밖에서 머뭇거리면 내적 경계 태세를 잃을 수 있기 때문이다.[77]
>
> 수도원장 목사가 말했다. "당신에게 다가오는 시련은 어떤 것이든 모두 침묵으로 이길 수 있다."[78]
>
> 한 형제가 시트의 수도원장 모세에게 좋은 말씀을 한마디 해달라고 부탁했다. 그러자 그 노인이 그에게 말했다. "너의 셀에 가서 앉아라. 그러면 너의 셀이 너에게 모든 것을 가르쳐 줄 것이다."[79]

생각할 질문

왜 하나님과 단 둘만의 시간을 갖는 것이 "당신에게 모든 것을 가르쳐 줄" 수 있는가?

기도

주님, 저의 내면에서 당신에 대한 인식을 얼마나 쉽고 빠르게 잃어 버릴 수 있는지 당신이 아십니다. 오늘 하루 남은 시간 동안 제게 은혜를 베푸셔서 외부의 소음을 침묵시키고, 하나님의 따스한 음성을 듣게 하소서. 아버지와 아들과 성령의 이름으로 기도합니다. 아멘.

침묵하기(2분)

Day 37

단 한 사람부터

●

아침 기도

침묵하며 하나님께 초점 맞추기(2분)

성경 본문 읽기

사도행전 2장 42-47절
그들이 사도의 가르침을 받아 서로 교제하고 떡을 떼며 오로지 기도하기를
힘쓰니라 사람마다 두려워하는데 사도들로 말미암아 기사와 표적이 많이 나
타나니 믿는 사람이 다 함께 있어 모든 물건을 서로 통용하고 또 재산과 소유
를 팔아 각 사람의 필요를 따라 나눠 주며 날마다 마음을 같이하여 성전에 모
이기를 힘쓰고 집에서 떡을 떼며 기쁨과 순전한 마음으로 음식을 먹고 하나

님을 찬미하며 또 온 백성에게 칭송을 받으니 주께서 구원받는 사람을 날마다 더하게 하시니라

묵상글

우리는 한 가지를 지속적으로 함으로써 그리스도를 닮을 수 있다. 그것은 그리스도의 전반적 생활을 따라 사는 것이다. 만일 우리가 그리스도를 믿는다면, 삶을 어떻게 살아야 하는 것인지 그가 아셨다고 믿어야 한다. 우리는 믿음과 은혜를 통해, 예수가 참여한 활동에 참여함으로써, 그가 아버지와의 친교 속에 항상 거하기 위해 실행하셨던 활동 중심으로 우리의 전 삶을 구성해야 한다.

예수님이 어떤 활동을 실행하셨는가? 홀로 있음, 침묵, 기도, 단순하고 희생적인 삶, 하나님의 말씀과 하나님의 길을 심도 있게 공부하고 묵상함, 남들을 섬김 등을 하셨다. 이 중의 어떤 것들은 분명히 그보다 우리에게 더 필요할 것이다. 왜냐하면 우리의 필요가 더 크거나 우리의 필요가 그와 다르기 때문이다.

그러므로 우리가 그리스도를 따르거나 그와 함께 쉬운 멍에를 메고 걷고자 한다면, 그의 전반적 생활방식을 우리의 생활방식으로 온전히 받아들여야 할 것이다. 그때, 우리는 그의 멍에가 얼마나 쉽고 그의 짐이 얼마나 가벼운지 경험하게 될 것이다.[80]

- 달라스 윌라드(Dallas Willard)

생각할 질문

초대 교인들이 사도행전의 생활방식과 예수님의 삶을 따르기 위해 추구했던 방법 중에 당신에게 직접적으로 다가오는 것은 무엇인가?

기도

주님, 당신의 멍에는 쉽고 당신의 짐은 가볍습니다(마 11:28-30). 그러나 제가 사는 삶은 종종 힘들고 무겁게 느껴집니다. 당신이 저에게 주시는 것이 아닌 활동, 결정, 우선순위, 관계가 무엇인지 제게 보여주소서. 오늘 저의 삶을 당신의 주권과 길에 맡깁니다. 예수님의 이름으로 기도합니다. 아멘.

침묵하기(2분)

저녁 기도

침묵하며 하나님께 초점 맞추기(2분)

성경 본문 읽기

시편 63편 1-5절
하나님이여 주는 나의 하나님이시라
내가 간절히 주를 찾되
물이 없어
마르고 황폐한 땅에서
내 영혼이 주를 갈망하며
내 육체가 주를 앙모하나이다
내가 주의 권능과 영광을 보기 위하여
이와 같이 성소에서 주를 바라보았나이다
주의 인자하심이 생명보다 나으므로
내 입술이 주를 찬양할 것이라
이러므로 나의 평생에 주를 송축하며
주의 이름으로 말미암아 나의 손을 들리이다
골수와 기름진 것을 먹음과 같이 나의 영혼이 만족할 것이라
나의 입이 기쁜 입술로 주를 찬송하되

닛사의 그레고리는 4세기의 대주교이자 신학자였다. 그는 우리 안에 하나님의 무한한 아름다움과 찬란함에 대한 끊임없는 열망이 존재한다고 주장했다. "우리는 우리의 갈망에 의해 하나님께로 인도되고, 마치 밧줄에 묶여 잡아당겨지듯이 하나님께로 이끌린다."

영혼이 하나님의 아름다움을 일부 맛보게 된다면, 더 많이 맛보기를 갈망하게 될 것이다. 그의 글에는 하나님에 대한 우리의 갈망을 묘사하는 이미지들이 가득하다. 연인이 입맞춤을 더 원한다. 한번 단맛을 본 사람을 만족시킬 방법은 더 단 것뿐이다. 벼랑 끝에 선 사람이 광활한 공간을 바라보며 현기증을 경험한다.

그레고리는 하나님에 대한 관상을 땅에서 솟아나는 샘물을 바라보는 사람에 비교한다.

> 당신은 샘물 가까이 와서 경탄할 것이다. 샘물이 끊임없이 늘 솟아나기 때문이다. 그러나 당신은 결코 당신이 물을 다 보았다고 말할 수 없다. 아직 땅 밑에 감춰져 있는 물을 어떻게 보겠는가? 따라서 당신이 아무리 오래 샘물가에 머물더라도, 당신은 항상 물을 보기 시작하고 있을 뿐이다. 하나님의 무한한 아름다움을 응시하고 있는 사람도 마찬가지다. 항상 새로운 것이 발견되고, 이미 이해한 것에 비해, 항상 더 새롭고 진귀해 보이는 것이 있다. 하나님이 자신을 계속 계시하심에 따라, 사람도 계속해서 경탄한다. 그리고 더 보려는 그의 갈망은 결코 쇠하지 않

는다. 왜냐하면 그가 기다리고 있는 것이 그가 이미 본 모든 것
보다 항상 더 웅장하고, 더 신성하기 때문이다.[81]

생각할 질문
당신은 한 주 중 어느 때에 "하나님의 무한한 아름다움을 응시할" 시
간을 가질 수 있는가?

기도
주님, 오늘 당신의 무한한 아름다움과 사랑스러움을 더 깊이 일견할
수 있도록 허락하소서. 예수님의 이름으로 기도합니다. 아멘.

침묵하기(2분)

여호와께 바라는
한 가지 일

●

아침 기도

침묵하며 하나님께 초점 맞추기(2분)

성경 본문 읽기

데살로니가전서 5장 16-22절
항상 기뻐하라 쉬지 말고 기도하라 범사에 감사하라 이것이 그리스도 예수
안에서 너희를 향하신 하나님의 뜻이니라 성령을 소멸하지 말며 예언을 멸
시하지 말고 범사에 헤아려 좋은 것을 취하고 악은 어떤 모양이라도 버리라

묵상글

불

불을 타오르게 하는 것은
장작 사이의 빈 공간,
숨 쉴 공간이다.
좋은 것도 너무 많으면,
가령 장작을 너무 많이 너무 빽빽이 쌓으면
불을 꺼뜨릴 수 있고
불꽃을 죽일 수 있다.
마치 물 한 바가지를
부은 것처럼.
우리는 열린 공간을 만드는 훈련을 해야 한다.
마치 우리가 장작을 쌓는 법을 배우는 것처럼
확실히 배워야 한다.
연료와 연료 없음이 조화를 이루어야 불이 탄다.
우리가 장작을 쌓을 때처럼
불이 원하는 대로 갈 수 있게
길을 터 주자.[82]

- 주디 브라운(Judy Brown)

생각할 질문

당신의 삶에 열린 공간을 만드는 훈련을 한다면, 당신은 어떻게 달라질 것인가?

기도

주님, 저는 숨 쉴 여백의 공간이 필요합니다. 제 삶에 너무 많은 것들이 있고, 불 속에 장작이 너무 많습니다. 당신의 임재의 불이 제 안에서, 그리고 저를 통해서 타오르게 하소서. 제 삶 속에 빈 공간을 창조할 방법을 보여 주소서. 예수님의 이름으로 기도합니다. 아멘.

침묵하기(2분)

저녁 기도

침묵하며 하나님께 초점 맞추기(2분)

성경 본문 읽기

시편 27편 3-4절
군대가 나를 대적하여 진 칠지라도
내 마음이 두렵지 아니하며
전쟁이 일어나 나를 치려 할지라도
나는 여전히 태연하리로다
내가 여호와께 바라는 한 가지 일
그것을 구하리니
곧 내가 내 평생에
여호와의 집에 살면서
여호와의 아름다움을 바라보며
그의 성전에서 사모하는 그것이라

묵상글

이 시편에서 가장 두드러진 것은 군대와 적이 다윗과 그의 가족을
죽이려 들며 포위했을 때 다윗이 무엇을 했는가이다. 다윗은 승리나
지혜나 상황 변화를 달라고 기도하지 않는다. 그 대신 다윗은 조용

히 하나님을 찾고, 하나님과 함께 거하고, 하나님의 아름다움을 묵상한다.

우리 모두가 홀로 있을 기회가 필요하다.
잠잠히
하루나 한 주 중에 빈 공간을 발견하여
묵상하고
우리에게 깊이 말씀하시는
하나님의 음성을 들을 기회가 필요하다.
우리가 하나님을 추구하는 것은
하나님이 우리를 추구하신 것에 대한 응답일 뿐이다.
하나님이 우리의 문을 두드리시지만
많은 사람들의 삶은
다른 많은 것들로 채워져 있어서
하나님이 두드리시는 소리를 듣지 못한다.[83]

- 바실 흄(Basil Hume)

생각할 질문
하나님이 오늘 어떤 식으로 당신을 찾으시며 당신의 삶의 문을 두드리시는 것일까?

기도

주님, 저의 한 부분은 당신과 단 둘이 있기를 갈망합니다. 그러나 저의 또 다른 부분은 도망가고 싶어 하고 어떤 수를 사용해서라도 피하고 싶어 합니다. 그런데 오늘 제가 이렇게 멈춰 서서 당신께 귀 기울일 수 있는 기회를 주셔서 감사합니다. 저의 문을 계속 두드려 주시니 감사합니다. 특히 제가 걱정에 빠지거나 당신으로부터 소원해져서 당신의 음성을 듣기 어려울 때 그리하시니 감사합니다. 다윗처럼 삶의 다른 모든 것보다 당신을 진정으로 갈망하는 마음을 저에게 허락해 주소서. 예수님의 이름으로 기도합니다. 아멘.

침묵하기(2분)

주의 계명들의 길로
달려가라

●

아침 기도

침묵하며 하나님께 초점 맞추기 (2분)

성경 본문 읽기

시편 119편 27-32절
나에게 주의 법도들의 길을 깨닫게 하여 주소서
그리하시면 내가 주의 기이한 일들을 작은 소리로 읊조리리이다
나의 영혼이 눌림으로 말미암아 녹사오니

주의 말씀대로 나를 세우소서
거짓 행위를 내게서 떠나게 하시고
주의 법을 내게 은혜로이 베푸소서
내가 성실한 길을 택하고
주의 규례들을 내 앞에 두었나이다
내가 주의 증거들에 매달렸사오니
여호와여 내가 수치를 당하지 말게 하소서
주께서 내 마음을 넓히시면
내가 주의 계명들의 길로 달려가리이다

묵상글

가장 유명한 규칙 중 하나는 성 베네딕트가 6세기에 쓴 《규칙》이다. 우리의 산만하고 논스톱인 세상 속에서 그것은 균형과 단순함을 주고, 일, 기도, 홀로 있음, 관계 등 모든 것을 적절한 정도로 추구하는 삶 속으로 우리를 초청한다.

베네딕트는 그의 《규칙》에 경청하고 하나님께 순복하라는 초청으로 말을 시작한다.

내 아들아, 주님의 교훈에 주의해 귀 기울이고, 너의 마음의 귀로 거기에 주의를 기울이라. 이것은 당신을 사랑하는 아버지의 조언이다. 그것을 환영하라. 그리고 충실하게 실행하라. 순종의 노고는 불순종의 태만으로 말미암아 하나님을 떠나갔던 당신을 다시 하나님께로 돌아오게 할 것이다. 만일 당신이 당신 자신의 뜻을 단번에 영원히 내려놓고 순종이라는 강하고 고귀한 무

기로 무장하여 참된 왕, 그리스도 주를 위한 전쟁에 참여하고자
한다면, 바로 나의 이 메시지는 그런 사람을 위한 것이다.

그래서 우리는 주님을 섬기기 위한 학교를 세우고자 한다. 그렇
다고 해서 겁먹고 구원의 길에서 도망가지 말라. 길은 처음에는
좁기 마련이다. 그러나 우리가 이 생명과 믿음의 길로 나아갈
때, 우리는 하나님의 계명의 길로 달려갈 것이며, 우리 마음에
는 표현할 수 없는 사랑의 기쁨이 넘쳐흐르게 될 것이다.[84]

생각할 질문

당신이 하나님의 계명의 길로 달려가는 것은 어떤 의미인가?

기도

주님, 저의 세계가 멈춤이 없고 복잡하다는 것을 아십니다. 오늘 제
게 다가오는 요구들에 대해 균형을 이루어, 일하는 동안에도 당신을
기억하게 하시고, 하는 모든 일의 중심에 당신을 모시게 하소서. 예
수님의 이름으로 기도합니다. 아멘.

침묵하기(2분)

저녁 기도

침묵하며 하나님께 초점 맞추기(2분)

성경 본문 읽기

시편 139편 1-6절
여호와여 주께서 나를 살펴보셨으므로
나를 아시나이다
주께서 내가 앉고 일어섬을 아시고
멀리서도 나의 생각을 밝히 아시오며
나의 모든 길과 내가 눕는 것을 살펴보셨으므로
나의 모든 행위를 익히 아시오니
여호와여 내 혀의 말을
알지 못하시는 것이 하나도 없으시니이다
주께서 나의 앞뒤를 둘러싸시고
내게 안수하셨나이다
이 지식이 내게 너무 기이하니
높아서 내가 능히 미치지 못하나이다

묵상글

패트릭(AD 389-461)은 브리튼에서 그리스도인으로 자랐다. 그런데 그는 노예로 아일랜드에 팔려가 6년을 지내야만 했다. 노예생활에서 탈출한 그는 주교로 임명 받은 후 아일랜드로 다시 돌아가서 전역으로 다니며 지칠 줄 모르고 복음을 전하고 교회와 수도원을 조직했다. 그의 아일랜드 선교는 로마 제국의 선교사에서 일대 전환점이 되었다.[85]

성 패트릭의 기도

오늘 제가 일어납니다.
저를 인도하시는 하나님의 힘으로 말미암아 일어납니다.
하나님의 힘이 나를 붙드시고
하나님의 눈이 나의 앞을 살펴보시고
하나님의 귀가 나의 소리를 들으시고
하나님의 말씀을 내게 하시고
하나님의 손이 나를 이끄시고
하나님의 길을 내 앞에 두시고
하나님의 방패로 나를 보호하시고
하나님의 천군천사로 나를 구원하십니다.
마귀의 올무로부터
악의 유혹으로부터
나의 불운을 바라는 모든 사람으로부터
먼 곳에서나 가까운 곳에서나

혼자 있을 때나 무리 속에서나 그렇게 역사하십니다.

그리스도가 나와 함께계시고, 그리스도가 내 앞에 계시고, 그리스도가 내 뒤에 계시고,

그리스도가 내 안에 계시고, 그리스도가 내 밑에 계시고, 그리스도가 내 위에 계시고,

그리스도가 내 우편에 계시고, 그리스도가 내 뒤편에 계시고,

그리스도가 내가 누울 때 계시고, 그리스도가 내가 앉을 때 계시고,

그리스도가 나를 생각하는 모든 사람의 마음속에 계시고,

그리스도가 나에 대해 말하는 모든 사람의 입에 계시고,

그리스도가 나를 보는 모든 눈에 계시고,

그리스도가 나의 말을 듣는 모든 귀에 계십니다.

오늘 제가 일어납니다.

능하신 힘을 통해, 삼위일체의 부르심을 통해,

세 분 하나님에 대한 믿음을 통해,

창조주의

한 분 되심에 대한 신앙 고백을 통해 일어납니다.[86]

생각할 질문
패트릭의 기도의 어느 부분이 당신에게 와 닿았는가? 오늘 그것을
마음속에 간직하라.

기도

주님의 임재가 저에게 늘 확신을 주시며 저를 둘러싸고 계시니 감사
합니다. 그 경이로운 사실을 받아들이기 어려울 정도입니다! 성령
으로 저의 역량을 키워 주셔서, 오늘 하루 종일 당신의 임재를 인식
하게 하소서. 예수님의 이름으로 기도합니다. 아멘.

침묵하기(2분)

모든 것을
사랑으로 시작하라

●

아침 기도

침묵하며 하나님께 초점 맞추기(2분)

성경 본문 읽기

로마서 8장 14-17절

무릇 하나님의 영으로 인도함을 받는 사람은 곧 하나님의 아들이라 너희는
다시 무서워하는 종의 영을 받지 아니하고 양자의 영을 받았으므로 우리가
아빠 아버지라고 부르짖느니라 성령이 친히 우리의 영과 더불어 우리가 하

나님의 자녀인 것을 증언하시나니 자녀이면 또한 상속자 곧 하나님의 상속
자요 그리스도와 함께 한 상속자니 우리가 그와 함께 영광을 받기 위하여 고
난도 함께 받아야 할 것이니라

묵상글

예수님은 전능하시고, 영원하시고, 무한하신 야훼를 "아바"라고 항
상 호칭하셨다. 그것은 어린아이가 "아빠"에 대해 사용하는 친밀하
고, 따뜻하고, 친근한 단어다. 복음의 핵심은 예수님이 제자들에게
하나님을 아버지라고 부를 수 있는 권위를 주신 것이다. 예수님을
통해 우리도 아바의 자녀다.

관상적 영성은 우리를 하나님과의 더 성숙한 관계를 향해 이끌
어간다. 우리는 "줘, 줘, 줘"라고 하는 어린아이의 태도로부터
더 성숙한 관계 방식으로 진보해서 우리의 "아바 아버지"이신
하나님과 함께 있는 것을 즐거워하게 된다. 그런 이동 과정이
다음과 같이 세분화될 수 있다.

- 기도문 기도: 이것은 부모나 권위의 인물이 어떻게 기도하라
  고 한 것을 그대로 흉내내는 것이다(예: "주님, 우리가 우리 주 그리
  스도를 통해 받으려고 하는 당신의 이 선물들로 인해 저를 축복하소서. 아
  멘").
- 자기 말로 하나님께 얘기하기: 우리는 자신의 말로 하나님께
  얘기하는 것이 더 편해지고, 아동기의 기도문을 답습하지 않

는다. (예: "주세요, 주세요, 더 주세요, 오 하나님").

- 하나님께 귀 기울이기-이 시점에서 우리는 하나님께 귀 기울이기 시작하고 쌍방향 관계를 누린다.
- 하나님과 함께 있기: 마침내 우리는 그저 우리를 사랑하시는 하나님의 임재 안에 있는 것을 즐긴다. 이것은 우리가 하나님과 함께 할 수 있는 어떤 특정한 행동보다 훨씬 더 중요하다. 하나님의 임재가 모든 삶에 성취감을 준다.[87]

- 마크 E. 티보도(Mark E. Thibodeaux)

생각할 질문

당신이 지니고 있는 어떤 두려움을 오늘 아바 아버지께 털어 놓을 수 있을까?

기도

주님의 임재 안에 거할 때 삶의 모든 것에 만족감을 준다고 믿습니다. 다만 저는 어떻게 거기에 도달할지 잘 모르겠습니다. 단지 "주세요, 주세요" 관계 이상으로 성장하고 싶습니다. 저를 성령으로 충만하게 채우사 제가 당신과 함께 있는 은혜를 누릴 줄 알게 하시고, 단지 선물과 축복만 받으려고 당신에게 가지 않게 하소서. 예수님의 이름으로 기도합니다. 아멘.

침묵하기(2분)

저녁 기도

침묵하며 하나님께 초점 맞추기(2분)

성경 본문 읽기

요한일서 4장 7-12절

사랑하는 자들아 우리가 서로 사랑하자 사랑은 하나님께 속한 것이니 사랑하는 자마다 하나님으로부터 나서 하나님을 알고 사랑하지 아니하는 자는 하나님을 알지 못하나니 이는 하나님은 사랑이심이라 하나님의 사랑이 우리에게 이렇게 나타난 바 되었으니 하나님이 자기의 독생자를 세상에 보내심은 그로 말미암아 우리를 살리려 하심이라 사랑은 여기 있으니 우리가 하나님을 사랑한 것이 아니요 하나님이 우리를 사랑하사 우리 죄를 속하기 위하여 화목 제물로 그 아들을 보내셨음이라 사랑하는 자들아 하나님이 이같이 우리를 사랑하셨은즉 우리도 서로 사랑하는 것이 마땅하도다 어느 때나 하나님을 본 사람이 없으되 만일 우리가 서로 사랑하면 하나님이 우리 안에 거하시고 그의 사랑이 우리 안에 온전히 이루어지느니라

묵상글

하나님은 우리를 위해 각기 다른 길을 준비하셨다. 당신의 길에 충실하도록 기도해야 한다. 다른 사람의 삶을 사는 것은 비극이다. 내가 오랜 세월 동안 그랬다.

칼로스 칼리토의 이야기로 우리의 시간을 마치고자 한다. 그는 북아
프리카 무슬림에서 10년 동안 "예수 공동체의 작은 형제들"과 함께
살았다. 어느 날 낙타를 타고 사하라 사막을 지나가다가 50명의 남
자들이 작렬하는 태양 아래서 도로 보수 공사를 하고 있는 것을 발
견했다. 칼로스가 그들에게 물을 제공했을 때, 그의 친구이자 그의
기독교 공동체의 일원인 폴이 거기서 일하고 있는 것을 발견하고 놀
랐다.

폴은 파리에서 프랑스의 핵폭탄 연구에 종사하는 기술자였다. 그러
나 하나님이 그를 부르셔서 모든 것을 내려놓고 북아프리카의 "작은
형제"가 되었다. 한 번은 폴의 어머니가 와서 칼로스에게 그녀의 아
들의 삶을 이해하게 도와달라고 했다.

"나는 아들을 기술자로 만들었는데, 왜 그가 교회에서 그냥 지성인
으로 살면 안 되지? 그러면 그가 더 유용하게 쓰임 받는 것 아닐까?"
폴은 기도하며 사하라 사막에 그리스도를 위해 파묻혀 있는 생활에
만족했다. 그리고 나서 칼로스는 스스로에게 질문했다. "그렇다면
교회의 복음전파 사역 중에서 과연 나의 자리는 어디인가?" 그는 스
스로의 질문에 이렇게 대답했다.

나의 자리는 가난한 자들 중에 있었다. 다른 사람들은 건축하
고, 먹이고, 설교하는 임무를 가질 것이다. 주님께서 나를 가난
한 자 중의 가난한 자, 노동자들 중의 노동자가 되라고 하셨다.
남을 판단하기는 어렵지만 우리가 절박하게 매달려야 하는 한

가지 진리는 사랑이다. 우리의 행동을 정당화하는 것은 사랑이다. 우리가 하는 모든 것을 사랑으로 시작해야 한다. 만일 폴 형제가 사랑으로 말미암아 사막에서 죽기를 선택한다면, 그는 정당화된다. 만일 사랑으로 사람들이 학교와 병원을 짓는다면, 그들은 정당화된다. 만일 사랑으로 학자들이 책에 파묻혀 삶을 보낸다면, 그들은 정당화된다. 주님께서 나에게 가난한 자 중의 가난한 자, 일꾼 중의 일꾼이 되라고 요청하셨다. 나는 이렇게 말할 수 있을 뿐이다. "사랑으로 살아라, 사랑이 너에게 침투하게 하라. 그러면 그것은 반드시 실패하지 않고 네가 뭘 해야 하는지 가르쳐 줄 것이다."[88]

생각할 질문

하나님의 사랑이 당신에게 침노하여 당신을 충만히 채우고, 당신이 "해야 할 것"을 하도록 당신을 인도한다면, 그것은 무엇인가?

기도

주님, 제 안에 변화되어야 할 많은 것들이 있습니다. 당신의 사랑으로 저에게 침노하소서. 제 삶에 대한 당신의 유일한 길을 신실하게 따라갈 용기를 주소서. 그 길이 어디로 이어지든, 당신이 제 안에 어떤 변화를 일으키기 원하시든 그리하소서. 아멘.

침묵하기 (2분)

부록

주기도문

각 문장을 묵상하라. 시간을 들여, 한 줄씩 읽고 나서 멈추라.

하늘에 계신

우리 아버지여

이름이 거룩히 여김을 받으시오며

나라가 임하시오며

뜻이 이루어지이다

오늘 우리에게 일용할 양식을 주시옵고

우리가 우리에게 죄 지은 자를 사하여 준 것 같이

우리 죄를 사하여 주시옵고

우리를 시험에 들게 하지 마시옵고

다만 악에서("악한 자"에게서) 구하시옵소서

호흡기도

호흡기도는 교회사 초기에까지 거슬러 올라가는 기독교의 옛 영적 훈련이다. 유명한 "예수기도"가 호흡기도의 한 예다. 이것은 누가복음 18장 9-14절의 바리새인과 세리의 비유에서 유래하며, 자비를 간구하는 세리의 절박한 기도, "주 예수 그리스도, 하나님의 아들이시여, 불쌍히 여기소서. 나는 죄인이로소이다"에서 나왔다. 기도의 각 구절을 들숨이나 날숨 때 나지막하게 읊조린다. 경험상 호흡기도는 내가 주님 앞에 와서 잠잠히 침묵하려고 하지만 마음이 산만하여 쉽지 않을 때 큰 도움이 된다.

호흡기도가 침묵기도와 비슷한 점은 어느 때나 장소를 불문하고 할 수 있다는 것이다. 우리는 항상 호흡하고 있으니까! 성경에서 호흡은 성령의 은유다. 하나님이 호흡을 통해 생명을 주신다(창 2:7). 호흡을 통해 예수님은 성령을 주신다(요 20:22).

다음의 지침들이 호흡기도를 하는 것을 도와준다.

- 조용한 곳에 똑바로 앉으라. 당신의 호흡에 주의를 기울이라.

- 횡경막 호흡으로, 복부가 쉽게 나왔다 들어갔다 하게 하라. 강제로 호흡하거나 너무 빨리 호흡하지 말라.

- 생각이 산만해질 때마다 다시 호흡에 주의를 기울이라. 숨을 들이쉬면서, 성령으로 충만하게 해 달라고 간구하라. 숨을 내쉬면서, 하나님으로부터 오지 않은 모든 것을 내보내라.

- 침묵 시간을 마치면서, 잠시 멈추고, 하나님과 함께 시간을 보내게 해 주신 것에 대해 감사하라.

침묵 훈련에 대한 10가지 질의응답

1. 침묵 훈련을 하는 것이 어려운 이유는 무엇인가?

평생 운동을 해 본 적이 없는데 갑자기 1킬로미터를 전력질주 한다고 생각해 보라. 매우 힘들 것이다. 그러나 계속 연습한다면, 시간이 흐르면서 점차 쉬워질 것이다. 침묵을 통해 하나님께 집중하는 영적 근육을 키우는 것도 마찬가지다. 하나님께서 우리에게 하나님의 임재 안에서 침묵하라고 명령하신다(시 37:7, 46:10). 그것은 동시에 침묵을 통해 우리가 하나님께 집중할 수 있는 능력을 주셨다는 의미다. 사실, 모든 인간은 하나님과 함께 침묵하기를 갈망하는 관상적 측면이 있다. 하나님과의 관계에는 항상 말하기를 멈추고 그저 하나님과 함께 있는 것을 누릴 줄 아는 능력을 개발하는 것이 필요하다.

2. 침묵 시간을 갖는 것이 명상이나 뉴에이지, 일반 마인드 컨트롤 프로그램과 어떻게 다른가?

우리는 다른 종교들도 침묵 훈련을 하는 것에 놀라지 말아야 한다. 다른 많은 종교들도 공동 예배, 자기들만의 성스러운 문서, 영적 훈련 등등이 있다. 그러나 기독교의 묵상과 다른 종교의 묵상이 가지는 차이점은 우리는 생각을 비워 무(無)가 되거나 달라진 의식 상태를 가지려는 것이 아니다. 그것이 아니라 우리는 침묵을 통해 생각의 초점을 하나님께 두고 하나님의 임재 안에 거하려 한다. 이런 유형의 기도는 새로운 것이거나 뉴에이지가 아니다. 그 뿌리는 저 멀리 성경의 모세, 엘리야에게서 출발한다. 신약의 세례 요한과 예수님에게로 이어지며, 기독교 역사에 수천 년 동안 이어져 내려왔다. 우리는 침묵하면서 아브라함, 이삭, 야곱의 하나님과 함께한다. 더 나아가, 이런 종류의 기도는 우리의 전반적 기도의 한 부분이며, 거기에는 예배, 자백, 간구 등등도 포함된다.

3. 매일 얼마나 침묵해야 하는가?

나는 하루에 2분으로 시작하기를 권장해 왔다. 그러나 최근 들어 나는 매일 5분으로 시작하라고 권한다. 그래서 서서히 시간을 늘리고 매일 10-20분 침묵하기 바란다. 내가 실행하고 있는 것은 아침 오피스(기도 시간)의 한 부분으로서 20분 동안 침묵하는 것이다. 나에게는 일과 시작 전의 이른 아침이 가장 좋지만, 모든 사람이 그렇지는 않을 것이다. 나는 또한 낮이나 서녁 오피스 때도 짧은 침묵 시간을 갖는다(1-10분). 지난

15년간의 많은 연구로 드러난 사실은 침묵과 묵상이 우리의 뇌를 새롭게 하고, 우리가 사실을 더 잘 인지하고, 더 분명한 의사결정을 돕고, 스트레스를 줄인다는 것이다.[91]

4. 생각이 산만해질 때 어떻게 해야 하나?

이것이야말로 대부분의 사람들에게 가장 어려운 점이다. 당신만 그런 게 아니다! 우리의 생각은 5분 동안에도 100번이 넘게 산만해질 수 있다. 내 생각이 산만해질 때 내가 하는 3가지가 있다. 첫째로, 침묵에 들어가기 전에, 나는 성경이나 경건의 시간의 한 문단을 읽거나, 생각이 많을 때는 일기를 쓴다. 그러면 침묵 시간을 갖기 전에 초점을 맞추고 생각을 가라앉히는 데 도움이 된다. 둘째로, 내 생각이 산만할 때, 나는 나의 호흡에 집중하여, 하나님이 주신 선물인 들숨과 날숨 모두에 초점을 맞춘다. 들이마시고 내쉬는 리듬에 초점을 맞추는 것은 동방정교에서 많이 사용하는 영적 훈련이며, 일반에서는 "정신 집중"의 방법으로 사용된다. 마지막으로, 나는 '아바'나 '예수님' 같은 한 단어에 초점을 맞추어서 나의 의식적 생각의 초점을 그리스도께로 조정한다. 이런 것들이 내가 하나님 안에 닻을 내리도록 도와준다.

5. 집이나 직장에서 조용한 곳이 없으면 어떻게 하나?

외부적 환경이 조용하지 않더라도 내면의 침묵을 경험할 수 있다. 믿어질지 몰라도, 나는 시끄러운 곳에서도 침묵 훈련을 해 왔다. 가령 대도시의 광장, 지하철, 버스, 비행기, 층계참, 공원벤치, 고속도로 휴게

소, 내 차, 바닷가, 아무도 없는 교회 건물 등이다. 교사가 학교 비품실, 환경미화원이 트럭, 학생이 도서관을 이용하는 경우도 보았다.

6. 이 훈련에 도움이 되는 것은?

나는 때로 촛불을 켜서 나와 함께하시는 그리스도의 임재의 상징으로 삼는다. 휴대폰의 타이머를 매일 아침, 20분 동안 맞춰 놓는다. 하루 중 다른 때에는 시간 상 3-5분으로 맞춘다. 성경은 내가 하나님과 보내는 시간의 핵심 요소다. 침묵 시간 전이나 후로 성경을 본다. 성경을 묵상하고, 외우고, 공부하고, 읽는 것이 내가 잠잠히 있는 시간을 잘 가진 후로 더 풍성해졌다. 또 내가 사무실에서 거기에 사용하는 특별한 의자가 있어서, 구별된 성스러운 곳이라는 느낌을 준다.

7. 침묵할 때 하나님의 음성을 듣지 못한다면 뭔가 잘못하고 있는 것인가?

침묵 시간을 갖는 목표는 꼭 하나님의 음성을 듣기 위해서가 아니라 하나님과 함께 있기 위해서다. 내가 침묵 시간을 가질 때 꼭 어떤 인도를 받으려는 게 아니다. 물론 종종 인도를 받지만 말이다. 내가 잠잠할 때 하나님이 많이 말씀하시는 것은 사실이다! 그리스도 안의 성숙은 하나님과의 시간을 우리의 기분으로 판단하지 않는 것이다. 목표는 예수님과 함께 있는 것이지, "기분 좋은" 경험을 하려는 것이 아니다. 침묵 시간의 유익은 그 시간 후에까지 이어진다(예를 들어, 하루 종일 하나님과 우리 자신을 더 잘 인식하게 되고, 더 중심이 확고해지고 외부 요인에 더 좌충우돌하지 않게 되고, 더 깊은 평화로움을 갖게 되는 등등이다). 그저 늘 예수님 앞에 와서 예수님과 함께 있는 것은 예수님을 신뢰하고 의지한다는 표현이다.

8. 시간이 없고 정신없이 바쁘면 어떻게 하나?

나는 계획한 시간에 맞춘다. 가령 정오 기도를 10분만 할 수 있으면, 내가 예수님과 교제하기 위해 필요한 것이 무엇인지에 근거해 그 제한된 시간의 세부 계획을 짠다. 즉 침묵이나 성경 읽기를 더하거나 덜하거나 한다. 목표는 성경 읽기나 침묵 시간을 계획대로 "해내는" 것이 아니다. 우리의 목표는 우리가 가진 시간이 얼마든 그 시간 안에 예수님과 함께 있는 것이다.

9. 침묵 훈련을 좀 해 보았더니 지루해서 이제 그만하고 싶으면 어떻게 하나?

당신의 심령의 내면의 움직임과 하나님과의 침묵을 배우는 것은 중대한 일이다. 시작하는 것이 흔히 가장 어렵다. 운동처럼 계획과 노력이 필요한 새 습관을 시작할 때 그렇기 마련이다. 그러나 꾸준히 하다 보면, 그 전까지 도대체 어떻게 살았나 하는 생각이 들 것이다(당신 이전의 많은 사람들도 그랬다.) 만일 지루하다면, 추가적인 영감이나 자원을 찾아보기 바란다. 먼저 토마스 키팅의 센터링 기도 자료를 보면 좋을 것이다(www.contemplativeoutreach.org). 또한 많은 복음주의 저자들이 분주한 삶 속의 침묵, 멈춤, 홀로 거함에 대해 쓰고 있으니, 그것을 찾아보기 바란다.

10. 왜 매일 침묵 훈련을 해야 하는가? 수련회에서 1년에 한두 번만 하면 되지 않는가?

수련회는 우리가 일상에서 "벗어나는" 좋은 기회이고 예수님과의 관계가 발전하는 강력한 수단이다. 그런데 수련회 때마다 해야 할 중요한 질문은 하나님이 우리 삶을 어떻게 바꾸기 원하시는가 하는 것이다. 예를 들어, 나의 리듬을 어떻게 하나님께 맞추어야 할까? 다음 시즌에 하나님에 내게 하시는 초청은 무엇인가? 그래서 수련회의 열매가 우리의 매일의 영적 삶에 나타나야 한다.

나는 또한 우리 모두가 매일 침묵과 멈춤을 훈련하는 것이 필요하다고 믿는다. 왜 그런가? 우리의 목표는 하나님과의 개인적 관계를 돈독히 하여, 매일 하나님과 함께 있고, 매일 우리의 뜻을 하나님의 뜻에 맞추고, 매일 우리의 존재를 하나님의 존재에 맞추고, 매일 우리의 행동을 하나님의 역사에 맞추는 것이기 때문이다. 그러므로 하나님과 함께 침묵하고 정지하는 것은 하나님이 우리 안에서 우리를 변화시키시도록 자리를 만들어 드리는 것이다.

주

프롤로그

1. 매일기도에 대한 완전한 정보는, 피터 스카지로의 책을 보라, *Emotionally Healthy Spirituality* (Grand Rapids: Zondervan, 2017), chapter 6, 《정서적으로 건강한 영성》, 두란노)

2. Timothy Fry, ed ., *RB 1980: The Rule of St . Benedict in English* (Collegeville, Minn .: Liturgical Press, 1981), 65 .

3. The Begin the Journey *Emotionally Healthy Spirituality Workbook* (New York, 2008). 소그룹 과 수업을 위한 용 DVD도 있다. emotionallyhealthy.org에서 주문할 수 있다.

1주: 정서적으로 건강하지 않은 영성의 문제

4. 인용 출처: Esther De Waal, *Lost in Wonder: Rediscovering the Spiritual Art of Attentiveness* (Collegeville: Liturgical Press, 2003), 19.

5. Mother Teresa, *A Simple Path* (New York: Ballantine Books, 1995), 7 - 8 .

6. Eugene H . Peterson, *Under the Unpredictable Plant: An Exploration in Vocational Holiness* (Grand Rapids: Eerdmans, 1992), 15 - 16. 《목회자의 소명》, 포이에마)

7. Thomas Merton, *The Wisdom of the Desert: Sayings from the Desert Fathers of the Fourth Century* (Boston: Shambhala, 1960, 2004), 1 - 2, 25 - 26. 《토머스 머튼이 길어낸 사막의 지혜》, 바오로 딸)

8. R . Paul Stephens, *Down-to-Earth Spirituality: Encountering God in the Ordinary, Boring Stuff of Life* (Downers Grove: InterVarsity, 2003), 12. 《내 이름은 야곱입니다》, 죠이선교회)

9. Leighton Ford, *The Attentive Life: Discovering God's Presence in All Things* (Downers Grove: InterVarsity, 2008), 138 - 39, 173. 《하나님을 주목하는 삶》, 새물결플러스)

10. Scazzero, *Emotionally Healthy Spirituality*, 48 - 49. (《정서적으로 건강한 영성》, 두란노)

11. Dan Allender and Tremper Longman III, *The Cry of the Soul* (Dallas: Word, 1994), 24 - 25. (《감정 영혼의 외침》, IVP)

12. Eugene Peterson, *The Contemplative Pastor:Returningtothe Art of Spiritual Direction* (Grand Rapids: Eerdmans, 1989), 18 - 19 . (《목회자의 영성》, 포이에마)

13. Scazzero, *Emotionally Healthy Spirituality*, 34. (《정서적으로 건강한 영성》, 두란노)

2주: 참 자아를 찾기 위해 거짓 자아를 벗어 버리라

14. Scazzero, *Emotionally Healthy Spirituality*, 80 - 81. chapter 5 (《정서적으로 건강한 영성》, 두란노)

15. Thomas Merton, *New Seeds of Contemplation* (New York: New Directions, 1987), 35. (《새 명상의 씨》, 가톨릭 출판사)

16. Parker J. Palmer, *Let Your Life Speak:Listening to the Voice of Vocation* (San Francisco: Jossey-Bass, 2000), 10 - 11. (《삶이 내게 말을 걸어올 때》, 한문화)

17. Gillian R. Evans, trans., *Bernard of Clairvaux: Selected Works, Classics of Western Spirituality* (Mahwah: Paulist Press, 1987), 47 - 94.

18. Richard J. Foster, *Streams of Living Water: Essential Practices fromthe Six Great Traditions ofChris tian Faith* (New York: HarperCollins, 1998), 25 - 32. (《생수의 강》, 두란노)

19. Henri Nouwen, *The Way of the Heart* (New York: Ballantine Books, 1981), 20. (《마음의 길》, 두란노)

20. Ibid., 25 - 28.

21. Palmer, *Let Your Life Speak*, 48 - 49. (《삶이 내게 말을 걸어올 때》, 한문화)

22. Frederica Mathewes-Green, *First Fruits of Prayer: A Forty-Day Journey through the Canon of St. Andrew*(Brewster: self-published, 2006), xii - xiii .

23. M. Scott Peck, *A World Waiting to BeBorn: Civility Rediscovered* (New York: Bantam Books, 1993), 112 - 13.

24. Anthony de Mello, *The Song of the Bird* (New York: Doubleday, 1982), 96.

25. Scazzero, *Emotionally Healthy Spirituality*, 109 - 10. (《정서적으로 건강한 영성》, 두란노)

3주: 당신의 발목을 잡는 과거와 화해하라

26. Lori Gordon with Jon Frandsen, *Passage to Intimacy* (Self-Published: Revised Version, 2000), 157 - 58.

27. Thomas Keating, *Intimacy with God: An Introduction to Centering Prayer* (New York: Crossroads, 1996), 82 - 84.

28. John Michael Talbot with Steve Rabey, *The Lessons of Saint Francis: How to Bring Simplicity and Spirituality into Your Daily Life* (New York: Penguin Books, 1998), 246 - 47.

29. Scazzero, *Emotionally Healthy Spirituality*, 111 - 15. (《정서적으로 건강한 영성》, 두란노)

30. Ibid.

31. Quoted in Os Guinness, *The Call: Finding andFulfilling the Central Purpose of Your Life* (Nashville: Word, 1998), 52. (《소명, IVP》)

32. Chaim Potok, *The Chosen* (New York: Ballantine, 1967), 284 - 85.

33. Parker J. Palmer, introduction to *Leading from Within: Poetry That Sustains the Courage to Lead*, by Sam M. Intrator and Megan Scribner (San Francisco: JosseyBass, 2007), xxix - xxx.

34. 인용 출처: Ronald W. Richardson, *Family Ties that Bind: A Self-Help Guide to Change through Family of Origin Therapy* (Bellingham: Self-Counsel Press, 1995), 35.

4주: 한계를 깨달아 그 너머의 삶을 보라

35. Michael Harter, S. J., ed., *Hearts on Fire: Praying with Jesuits* (Chicago: Loyola Press, 1993, 2005), 102 - 3.

36. Brian Kolodiejchuk, M. C., ed., *Mother Teresa: Come Be My Light: The Private Writings of the Saint of Calcutta* (New York: Doubleday, 2007), 187, 211, 225 . (《마더 테레사 나의 빛이 되어라》, 오래된 미래)

37. Ibid., 215.

38. Scazzero, *Emotionally Healthy Spirituality*, 122 - 23. (《정서적으로 건강한 영성》, 두란노)

39. Thomas Merton, *The Ascent to Truth* (New York: Harcourt Brace and Co., 1951), 188 - 89. (《진리의 산 길》, 바오로딸)

40. Wayne Muller, *Sabbath: Finding Rest, Renewal, and Delight in Our Busy Lives* (New York: Bantam, 1999), 187 - 88. (《휴》, 도솔)

41. Richard Rohr with Joseph Martos, *From Wild Man to Wise Man: Reflections on Male Spirituality* (Cincinnati: St. Anthony Messenger Press, 1990, 1996, 2005), 2. (야생에서 아름다운 어른으

로》, 한국기독교연구소)

42. Peter Scazzero, *The Emotionally HealthyChurch* (Grand Rapids: Zondervan, 2003), 167. (《정서적으로 건강한 교회 》, 두란노)

43. Henri Nouwen, *In the Name of Jesus: Reflections on Chris tian Leadership* (New York: Crossroads Publishing, 1991), 62 - 64. (《예수님의 이름으로》, 두란노)

44. Oswald Chambers, *My Utmost for HisHighest*, ed. *James Reimann* (Grand Rapids: RBC Ministries, 1935, 1992), devotion for July 29. (《주님은 나의 최고봉》, 토기장이)

5주: 슬픔과 상실을 통해 영혼을 확장하라

45. Nicholas Wolterstorff, *Lament for a Son* (Grand Rapids: Eerdmans, 1987), 81. (《나는 사랑하는 사람을 잃었습니다》, 좋은 씨앗)

46. Scazzero, *Emotionally Healthy Spirituality*, 136. (《정서적으로 건강한 영성》, 두란노)

47. Gerald L. Sittser, *A Grace Disguised: How the Soul Grows through Loss* (Grand Rapids: Zondervan, 1995), 39, 44, 61 (cf. p. 37). (《하나님 앞에서 울다》, 좋은 씨앗)

48. Joni Eareckson Tada and Steven Estes, *When God Weeps:Why Our Sufferings Matter to the Almighty* (Grand Rapids: Zondervan, 1997), 135 - 36 .

49. http://www.atthewell.com/itiswell/index.php .

50. Parker Palmer, *Let Your Life Speak: Listening for the Voice of Vocation* (San Francisco: Jossey-Bass, 2000), 98 - 99. 15 (《삶이 내게 말을 걸어올 때》, 한문화)

51. Scazzero, *Emotionally Healthy Spirituality*, 148 - 49. (《정서적으로 건강한 영성》, 두란노)

52. Eugene Peterson, *Leap Over a Wall: Earthly Spirituality for Everyday Christians* (New York: HarperCollins, 1997), 120 - 21. (《다윗: 현실에 뿌리박은 영성》, IVP)

53. Ken Gire, *The Weathering Grace of God: The Beauty God Brings fromLife's Upheavals* (Ann Arbor: Vine Books: Servant Publications, 2001), 96 - 98. (《고통의 은혜》, 규장)

54. Scazzero, *Emotionally Healthy Church*, 161 - 62. (《정서적으로 건강한 교회》, 두란노)

55. Scazzero, *Emotionally Healthy Spirituality*, 151 - 52. 48 (《정서적으로 건강한 영성》, 두란노)

6주: 매일기도가 삶의 리듬이 되게 하라

56. Merton, *New Seeds of Contemplation*, 14 - 15. (《새명상의 씨》, 가톨릭 출판사)

57. Scazzero, *Emotionally Healthy Spirituality*, 156, 155. 48 (《정서적으로 건강한 영성》, 두란노)

58. Ibid., 161.

59. Thomas Merton, *Confessions of a Guilty Bystander* (New York: Doubleday, 1966), 86.

60. Thomas Merton, *Contemplative Prayer* (New York: Doubleday, Image Books, 1996), 29 - 30.

61. Wayne Muller, *Sabbath: Finding Rest, Renewal, and Delight in Our Busy Lives* (New York: Bantam Books, 1999), 69. (《휴》, 도솔)

62. Ibid., 82 - 85.

63. Norman Wirzba, *Living the Sabbath: Discovering the Rhythmof Rest and Delight* (Grand Rapids: Brazos, 2006), 22 - 24.

64. Lynne M. Baab, *Sabbath Keeping: Finding Freedomin the Rhythms of Rest* (Downers Grove: InterVarsity, 2005), 17 - 19.

65. Eugene H. Peterson, *Working the Angles: The Shape of Pastoral Integrity* (Grand Rapids: Eerdmans, 1987), 49. (《균형 그 조용한 목회 혁명》, 좋은 씨앗)

7주: 정서적 성숙을 통해 예수의 참 제자가 되라

66. Scazzero, *Emotionally Healthy Spirituality*, 193. 48 (《정서적으로 건강한 영성》, 두란노)

67. Ibid., 179 - 80.

68. Henri Nouwen, *Return of the Prodigal Son: A Meditation on Fathers, Brothers, and Sons* (New York: Doubleday, 1992), 17. (《탕자의 귀향》, 포이에마)

69. David G. Benner, *Sacred Companions: The Gift of Spiritual Friendship and Direction* (Downers Grove: InterVarsity, 2002), 47.

70. 다음을 보라. www.ad2000.com.au/articles/2005/jun2005p10_1960.html, www.authorsden.com/visit/viewshortstory.asp?id=32208&AuthorID=1367. 다음 책도 추천한다. Malcom Muggeridge, Something Beautiful for God (New York: Harper and Row Publishers, Image Edition, 1971), 119. (《마더 테레사의 하느님께 아름다운 일》, 시그마북스)

71. Scazzero, *Emotionally Healthy Spirituality*, 181 - 183. (《정서적으로 건강한 영성》, 두란노).

72. Anthony De Mello, *The Way to Love: TheLast Meditations of Anthony De Mello* (New York: Doubleday, Image Books, 1995), 131 - 32.

73. Henri Nouwen, *In the Name of Jesus*, 59 - 60. (《예수님의 이름으로》, 두란노)

74. 인용 출처: Rowan Williams, *Where God Happens: Discovering Christ in One Another* (Boston: Shambhala, 2005), 14.

75. 전체 논의를 보고 싶다면, 다음 책을 보라. Scazzero, *Emotionally Healthy Spirituality*, 184 - 93. (《정서적으로 건강한 영성》, 두란노)

76. Scazzero, *Emotionally Healthy Spirituality*, 197-198. (《정서적으로 건강한 영성》, 두란노)

8주: 하나님의 길을 신실하게 따라갈 삶의 규칙을 세우라

77. Benedicta Ward, *The Sayings of the Desert Fathers* (Kalamazoo: Cistercian, 1975).

78. Merton, *Wisdom of the Desert*, 122. (《토머스 머튼이 길어낸 사막의 지혜》, 바오로딸)

79. Dallas Willard, *Spirit of the Disciplines: Understanding How God Changes Lives* (San Francisco: Harper & Row, 1988), ix, 8.

80. Ibid., 44

81. 인용 출처: Robert Louis Wilken, *The Spirit of Early Christian Thought: Seeking the Face of God* (New Haven: Yale University Press, 2003), 302.

82. Judy Brown, "Fire." Widely available on the internet; see, e.g., www.judysorum brown. com/blog/breathing-space. Used by permission.

83. 인용 출처: Esther De Waal, *Lost in Wonder: Rediscovering the Spiritual Art of Attentiveness* (Collegeville: Liturgical Press, 2003), 21.

84. Timothy Fry, *Rule of St. Benedict 1980*, 15, 18 - 19.

85. Dale T. Irvin and Scott W. Sunquist, *History of the World Chris tian Movement: Volume 1: Earliest Christianity to 1453* (Maryknoll: Orbis Books, 2001), 236 - 37.

86. 다음 출처에 있는 패트릭의 유명한 기도문을 편집 인용했다: www.ewtn .com/ Devotionals/prayers/patrick .htm

87. Mark E. Thibodeaux, *Armchair Mystic: Easing into Contemplative Prayer* (Cincinnati: St. Anthony's Press, 2001), chapter 2.

88. Carlo Caretto, *Letters fromthe Desert, anniversary edition* (Maryknoll: Orbis Books, 1972, 2002), 108, 100, 23.